A Study on the Acquisition of
English-Spanish Cognates from the Perspective
of Cross-linguistic Influence

跨语言影响视域下
英西同源词习得研究

陈 豪 著

ZHEJIANG UNIVERSITY PRESS
浙江大学出版社
·杭州·

图书在版编目（CIP）数据

跨语言影响视域下英西同源词习得研究 / 陈豪著.-- 杭州 ：
浙江大学出版社，2023.1
ISBN 978-7-308-23221-0

Ⅰ．①跨… Ⅱ．①陈… Ⅲ．①英语－同源词－语言学习－研
究②西班牙语－同源词－语言学习－研究 Ⅳ.
①H319.3②H349.3

中国版本图书馆CIP数据核字(2022)第201379号

跨语言影响视域下英西同源词习得研究

陈　豪　著

责任编辑	赵　静	
责任校对	胡　畔	
封面设计	杭州林智广告有限公司	
出版发行	浙江大学出版社	
	（杭州市天目山路148号　　邮政编码　310007）	
	（网址：http://www.zjupress.com）	
排　　版	杭州林智广告有限公司	
印　　刷	杭州高腾印务有限公司	
开　　本	710mm×1000mm　1/16	
印　　张	11.75	
字　　数	175千	
版 印 次	2023年1月第1版　2023年1月第1次印刷	
书　　号	ISBN 978-7-308-23221-0	
定　　价	78.00元	

前 言
Foreword

围绕什么是"词"（palabra[①]）所展开的讨论由来已久，古希腊哲学家纷纷探讨了词的概念，其中最贴近现代语言学的解释当属亚里士多德对词的定义：最小的具有意义的语言单位（毛智、何学德，2020：1）。现代语言学之父索绪尔认为："尽管很难下定义，在语言机制中，词是附加在其中心、本质上的一种单位。"（Saussure，1945：135）从词的概念层面来看，我们通常认为词具有词形、词音和词义三个属性；从应用层面来看，词具有语法特征、稳定特征和独立使用的特征。词汇（vocabulario 或 léxico）则是词的集合概念，是语言三要素（语音、词汇、语法）中最重要的部分，是人类思维概念的外在表现（汪榕培、王之江，2013：5），也是句子的基本结构单位。词和词汇构成了词汇学的研究对象。词汇学（lexicología）也称词的科学（ciencia de las palabras）（Saussurre，1945），其研究经由了从"词本位"的本体研究到多学科结合的"词汇相关"研究的转变，即关于词源、词形、词音、词义、词类等的经典研究同词汇发生学、心理语言学等学科相结合，体现出了词汇研究与时俱进的特点，以及其语言学维度、认知（心理学）维度、神经科学维度等特点（de Lara，2006：144）。

词汇学习是外语学习中贯穿始终的环节，是外语学习的根据地，也是外语能力提升的必要条件。因此，对外语词汇三大属性（音、形、义）的充分研究成了外语研究和教学中的基础与关键。由全球化带来的各国语言文化接触使单一的语言学习不再闭门造车，身处多语环境中的语言

---

① 由于本书主要针对对西班牙语与英语均有所了解的读者，因此关于有些名词的夹注有可能为西班牙语，也有可能为英语，请读者自行判断。

学习者需要经常穿梭于一到两门外语之间。相较语法规则而言，在多外语的接触和使用过程中，人们对词汇的辨别和应用更为常见，且因西方语言多为拼音文字，大量词汇共享词源，通过多语词汇之间的对比理解来达到交流沟通的目的成为多语使用者之间完成基本沟通的首要解决方案。外语专业学生在学习过程中也经常会碰到在多语中词形相似或相仿的词汇，一门语言的使用者在生活与工作中也经常能接触到同另一门语言词形相同或相仿的词汇。因此，对这类词汇进行概念和应用研究最直观的作用在于帮助语言学习者增加词汇量，提升外语使用者的语言使用效果。另外，上述词汇的特殊地位和属性决定了它们在语言习得研究中的价值，不论是在二语习得还是多语习得研究中，心理词汇的记忆表征及语义通达问题一直以来都是学界喜欢探讨的课题。在以行为学为理论支撑、二语习得研究范式为方法论的基础之上，上述词汇作为研究资料用于多语词汇习得研究时还需要结合语言距离、二语地位、语言熟练度、使用者年龄、同译效应等相关因素的影响，其复杂性明确了该类词汇的研究方向。

西班牙语从属于印欧语系罗曼语族（拉丁语族），由民间拉丁语转变而来，因此，西班牙语中约有 75%~80% 的词汇具有拉丁词源（Aske，2015：36；朱俊璇，2011）。此外，古希腊文明对西班牙语的影响又使其词汇总量中的 10% 具有希腊语词源。随着时间推移，公元 409 年到公元 711 年间，长达 300 余年的西哥特统治又在西班牙语词库中增添了部分日耳曼元素，总量约为 3%，如 bandido（可追溯到动词 bandwjan，义为"发送信号"，参见《西班牙皇家语言学院[①]词典》：bandir），义为"强盗"。公元 711 年到 1492 年间，长达近 800 年的阿拉伯统治又丰富了西班牙语词汇，使其增加了许多阿拉伯词汇，总量约为 8%，如 algodón（源自古阿拉伯语 qutn，RAE：algodón），义为"棉花"。文艺复兴后，词汇流通频繁，西班牙语从各邻邦吸收了许多单词：来自欧西坦语（occitano）的单词，如 antorcha（来自 entorcha），义为"火炬"；来自加泰罗尼亚

---

① Real academia española：https://dle.rae.es. 西班牙皇家语言学院缩写为RAE。

语（catalán）的单词，如 crisol（来自 cresol），义为"坩埚"；来自葡萄牙语（portugués）的单词，如 caramelo（来自 caramelo），义为"糖果"；来自加利西亚语（búlgaro）的单词，如 morriña（来自 morrinha），义为"思乡"；来自意大利语（italiano）的单词，如 soneto（来自 sonetto），义为"十四行诗"；等等。1492 年，随着地理大发现，半岛西班牙语进入了拉丁美洲，因此，西班牙语词汇又吸纳了来自新大陆不同民族的语言元素，其中包括纳瓦语（náhuatl）词源单词，如 chocolate（来自 xocoatl），义为"巧克力"；玛雅语（maya）词源单词，如 cigarro（来自 siyar），义为"雪茄"；克丘亚语（quechua）词源单词，如 cóndor（来自 cúntur），义为"秃鹰"；泰诺语（taíno）词源单词，如 barbacoa（来自 barbacoa），义为"烧烤"；图皮语（tupí）词源单词，如 jaguar（来自 yaguará），义为"美洲豹"；等等。历史的发展还导致了西班牙语词汇大量吸纳外来语，这种"借词"（préstamo）现象一直持续到了现当代，其扩充能力受到政治、殖民统治的影响，主要体现为世界强势语种的影响，如来自法语（francés）的单词 pedestal（来自 piédestal），义为"墩座"；上文提及的来自意大利语（italiano）的单词 balcón（来自 balcone），义为"阳台"；经由英语来自日耳曼（germánico）词源的单词 líder（来自 leader），义为"领导"；未经由英语来自日耳曼词源的单词 guerra（来自 werra），义为"战争"；等等。除此之外，也包含了西班牙语在文化传统、宗教信仰层面对某些非通用语种单词的吸收，如来自印地语（hindi）的单词 champú[①]（来自 čamp ī），义为"洗发水"；来自梵语（sánscrito）词源的单词 mantra（mantra），义为"祷语"；等等。全球化加强了跨语言影响（influencia interlingüística），在词汇层面的体现是西班牙语较好地接纳了来自英语国家的科技词汇，如 resiliencia（来自 resilience），义为"心理弹性"。西班牙语词汇中的英语词汇被称为 anglicismo，一般来说，西班牙语词汇中英语词汇的接收方式可分为三大基本方式（García，2021）：同化接收（anglicismo adaptado）、派生接收（anglicismo derivado）和无处理接收（anglicismo crudo），如西班

---

① 经由英语进入了西班牙语词汇中。

牙语单词 güisqui（威士忌酒）为对英语单词 whisky（威士忌酒）的同化接收，西班牙语单词 güisquería（威士忌酒馆）为派生接收，西班牙语单词 whisky 为无处理接收。加西亚（García，2017）指出，被第 23 版的《西班牙皇家语言学院词典》收录的无处理接收英语单词达到了 201 个之多。一些常见的被同化接收的英语单词，如 fútbol（来自 football），义为"足球"，suéter（来自 sweater），义为"毛线衫"；sándwich（来自 sandwich），义为"三明治"等，出现在了在中国普及度最高的高校西班牙语专业教材《现代西班牙语》（董燕生、刘建，2014）之中。

英语为印欧语系日耳曼语族语言，其核心词汇来自日耳曼语，然而也受到了古拉丁语和古希腊语的影响。古英语大约有 24000 个单词，其中 97% 来源于日耳曼语。随后，中世纪英语词汇吸纳了其他语言的大量词汇，外来词汇占到了 70% 之多，来源于拉丁语的词汇也不断扩容，占到了 50% 左右，如今有学者认为三分之二（60% 左右）的英语词汇历经法语，最终来源于拉丁语或直接来源于拉丁语（Aske，2015：1）。由此观之，英语和罗曼语族下属语言在词源方面关系密切。奥尔特加（Ortega，2007）指出，假如翻开某一本英语词典，会有超过 3000 个以字母"i"开头的单词来源于拉丁语。早在 20 世纪 50 年代，英国词源学家沃尔特（Walter，1953）将英语词汇按词源进行分类后发现：凯尔特词源占 2%，拉丁语和希腊语词源占 56%，日耳曼词源占 33%，混合词源占 3%，非洲等地区的词源占 6%（Walter，1953：746）。上述百分比中，日常词汇大都来源于日耳曼语，来自拉丁语和希腊语词源的词汇尽管占比较高，却较为生僻，使用频率不高（张帮印，2011）。自 1066 年法国的诺曼底公爵威廉登陆英格兰之后，英语词汇开始受到来自古法语词汇的影响，其中主要来自继承词汇（léxico patrimonial o heredero）（马联昌、周为民，2012：40）的影响；其后，在长达约 300 年的法国统治中，来自精英语言（法语）的词汇占到了 30% 左右。以上的词汇发展概况使得英语和西班牙语中存有大量的具有相同来源的词汇。

通过上述对西班牙语和英语词汇词源成分的简单对比，我们可以发现西班牙语和英语在各自词汇成分中拥有两大占比最大的词源，分别为古典词源（古拉丁语和古希腊语）和日耳曼词源，在西班牙语中占比约为90.5%，在英语中占比为89%。由此观之，西班牙语和英语词汇中的绝大部分词汇都共享词源。早有学者指出，西班牙语和英语共同拥有约3000个词形完全相同的同源词，由此衍生出的同源词能达到10000个（Lobo，1966）。单就拉丁语影响来看，同属印欧语族的西班牙语和英语，其相同或相似的单词数量已超过了20000个，且英西母语者平均会使用15000个左右的同源词（Penny，2002；Montaño Rodríguez，2009：22）。

　　本书将以西班牙语和英语同源词为例，对同源词展开系统化的初步研究，旨在以词汇学基本概念为基础与背景，结合同源词相关理论概念与实证性研究方法论，并以国内英西同源词应用研究为探索性研究起点，弥补国内西班牙语词汇中英西同源词研究空缺。此外，本书还将借由对英西同源词定性、定量的分析和研究，为建立国内多语环境下同源词研究体系及同源词作为研究资料的跨学科研究搭桥铺路。本书将《高等学校西班牙语专业初级阶段教学大纲》的专业四级词汇及《新版现代西班牙语》第一册的词汇表共4000余词中的英西同源词（2000余词）作为研究对象，建立小型同源词研究语料库，以便后来者统计分析西班牙语（或英语）学习初级阶段（或进阶阶段）英西同源词的分类、教学和使用，以及通过研究英西同源词习得情况来讨论在中国多语环境下不同外语教学和应用中的同源词意识及其跨语言影响，探讨英西同源词在西班牙语和英语语言教学与习得中充当的角色及给个人和国家多语能力培养带来的启示等。

　　本书包括两部分。第一部分为西班牙语词汇学和词汇研究概述，以及同源词概念介绍，主要分为四章：第一章回顾了国内西班牙语词汇研究概况，探讨了国内多语环境下同源词研究的必要性；第二章介绍了什么是同源词，阐述了各个研究领域对同源词的定义；第三章梳理了同源词起源与分类；第四章结合西班牙语词汇分类，讨论了同源词和其他词类的区别与联系，再次明确同源词概念。第二部分为跨语言影响视域下的同源词研究，同样分为四章：第五章整理了跨语言影响下二语习得和三语习得词汇的主要研究内容和研究模型；第六章回顾了二语习得中的同源词研究，初步总结了国外二语习得中同源词研究概况，介绍并总结了二语习得同源词研究的基本范式；第七章初步介绍了三语习得①中的同源词研究概况，并且对国内英西同源词研究进行了初步探索；第八章分析了多语环境下同源词研究的应用与意义，以及对未来同源词研究的展望。

截至目前，全球共有 21 个国家将西班牙语作为官方语言，以西班牙语为母语的人数已经超过了 4 亿，仅次于汉语和英语。中国与西班牙语国家的往来越来越频繁，拉丁美洲共有 19 个国家与中国签订了"一带一路"合作协议。在此时代背景下，国内西班牙语专业教学研究规模的扩大有助于我们在全球西班牙语教学科研中进行互助交流。此外，伴随着中国文化、语言、学术"走出去"等使命，国际学界也愈发关注我国的语言文化研究。然而，有些特定领域的基本概念和研究方法仍需"请进来"，并结合自身经验推陈出新，比如本书包含的英西同源词在中国多语环境下的研究，其中所涉及的研究资料就目前来看为我国西班牙语新老一辈专家经过长期探索实践获得并发展的，关于中国学生西班牙语词汇教学和习得也因此具备了自身的特点。本书的研究一方面将作为基于中国多语环境的三语同源词研究的补充，另一方面，也希望国内西班牙语学者在积极融入全球西班牙语研学界的同时，多使用与国际接轨的研究手段，关注我国自身的西班牙语教学和科研，并逐步形成具有时代使命感的西班牙语科研体系。

---

① 本书的多语习得一般指的是对应二语的三语习得。

目　录
Contents

第二部分　跨语言影响视域下的同源词研究

PART
1

第一部分

词汇学和同源词研究

本部分将以西班牙语词汇学为引子，以英西同源词为例，介绍同源词的基本概念、定义、来源、分类及其与其他词类的关系。

西班牙语词汇（léxico 或 vocabulario）是西班牙语单词（palabra）的集合。与绝大多数西方语言相同，词素（morfema）为西班牙语单词中最小的意义单位（unidad significativa），对于词素的研究被称为形态学（morfología），因此词素也可以被称为形位（毛智、何学德，2020）。词素的分类比较多元，可根据不同标准进行：马丁内特（Martinet，1975）基于量化分析，将词素分为开放词素（morfema de inventario abierto）和闭合词素（morfema de inventario cerrado）（de Lara，2006：64），前者又被称作词汇形位（lexema 或 morfema léxico），或者称作词根形位（raíz），与词缀形位（afijo）相对应（毛智、何学德，2020）；根据是否具有语法功能，词素可被二分为词汇形位和语法形位（gramema 或 morfema gramatical），后者为具有语法属性的形位，包括前缀（prefijo）和后缀（sufijo）等；根据组合自由与否来分，词汇形位或词根形位又可以分成自由形位和依附形位，而语法形位一般都为依附形位。西班牙语词汇拥有词形变化（flexión）的特点，包括动词变位（conjugación）、词汇派生（derivación）、词尾变化（cambio desinencial）和屈折变化（inflexión）等。西班牙语变位动词一般由词根加人称词尾（依附词根形位 + 语法形位）组成，如 trabaj-a-mos（我们工作）。而名词一般有以下几种分类：（1）自由词汇形位（lexema libre），如 silla（椅子）；（2）依附形位 + 表数的语法形位，如 alumn-o-s（学生们）；（3）依附形位 + 表派生的语法形位 + 表性的语法形位 + 表数的语法形位，如 alumn-it-o-s（学生们）；（4）表前缀的语法形位 + 依附形位，如 su-rreal-ist-a-s（超现实主义者）；等等（de Lara，2006：81）。

前言中已谈及词和词汇的区别，而西班牙语中的词既可以被称为 palabra，也可以被称为 vocablo，那么这两者又有何区别呢？德拉腊（de Lara，2006）指出：一个 vocablo 是一个引用单位，它代表由一个词根或者一个核心形位通过词尾变化、派生以及组合而产生的所有具体单位的范本，而这些产生的具体单位称为 palabra。因此，我们认为 vocablo 为 palabra，而 palabra 不一定为 vocablo。

根据不同的分类标准（马联昌、周为民，2012：39-43），西班牙语词汇可以分为：继承词汇（léxico patrimonial o heredero）、创造词汇（léxico creado o desarrollado）；词（palabra）、固定词组（frase hecha）；本族词、外来词；可变化词类、不可变化词类；基础词、复合词、派生词、综合词；语体类型词、态度类型词；单音节词、多音节词；同音词、近音词；单义词、多义词；同义词、反义词、同族词、上义词（hiperónimo）、下义词（hipónimo）；基本词汇、非基本词汇等。诸多分类中的词汇你中有我、我中有你，为西班牙语词汇研究圈定了大致的框架。这些分类也可被称为词汇的微结构（de Lara，2006：199）。

作为最小的意义单位，词素拥有自己具体的发音，具体表现为音位（fonema）。由于声音的线性特征，倘若将语言系统从概念到词汇再到语音自上而下划分成纵向的层级，我们就把区别意义的声音置于词汇的下层。鉴于此，词音是由一个或多个具有区别意义的声音组成的。

基于词素和词音的概念，词形一般被人为地切分成了一个个单位，正如神经认知语言学家兰姆（Lamb，1999）所指出的：词是人类认知系统中作为（语言）单位被认知的，这似乎也解释了为什么从严格意义上来说词很难被定义：基于上述解释，我们认为，该单位跟语音有密切的联系，可以根据不同的语言分析需要来设定词的界限，而阿隆索 - 科尔特斯（Alonso-Cortes，2015）就提出了三大词形切分标准，分别为音位学标准（criterio fonológico）、组合标准（criterio combinatorio）和语义标准（criterio semántico）。作为本书研究对象的同源词一般取自同源词词典，不涉及具体的词形变化及其语法属性，因此属于上文提及的 vocabulo。

在日常交流中，我们经常通过词汇来表达概念，然而有时会出现词不达意的情况，比如"苹果"既可以指称一种水果，也可以指称一家企业，具体指哪个含义需要通过语境来选择。因此，概念和词并非一一对应。

第一章　国内西班牙语词汇研究概述

　　知网数据库中最早提及西班牙语词汇研究的文章为《古老的西班牙语》（苏鸿谭，1981），该文对西班牙语词汇特点做了概念性的介绍，指出其"受到比较通用的英语的影响"。同年，梁德润（1981）对国内较早的西班牙语工具书进行了推介。我们认为，上述两文开启了国内西班牙语词汇研究的大门，然而却并未对西班牙语词汇进行概念性和系统性的深入研究。一年后，李多（1982）结合语言学理论初步探讨了西班牙语词汇学，分别从西班牙语词缀、构词法和外来词等方面分析了西班牙语的词汇特点，目的在于帮助西班牙语工作者和学习者更好地了解西班牙语词汇，指出"要研究现代西班牙语，首先必须了解其词汇的变化与发展的情况"。李多的文章主要着眼于西班牙语学习，着重探讨了西班牙语词汇产生新词的基本手段，具有较强的应用价值，却并未对西班牙语词汇的基本属性进行理论研究。几年后，陆经生（1988）着手进行词汇本体研究。他发表的《阿拉伯语对西班牙语的影响》一文以音、形、义三要素为出发点探讨了西班牙语词汇中的阿拉伯语词源："语音成分"一节介绍了阿拉伯来源词汇的语音变化历程，"语法现象"一节介绍了阿拉伯来源词汇词形及其演变过程，"词汇数量"一节将阿拉伯来源词汇按词义做了分类。该文同陆经生在1989年发表的《西班牙语词汇异体词现象探讨》的文章（陆经生，1989）可谓国内学界从词的三要素出发对西班牙语词汇进行研究的经典成果。总之，上述研究为国内西班牙语词汇研究之先河。进入21世纪后，国内西班牙语专业的不断发展壮大，培养了一批年轻的西班牙语相关教师和研究人员。本章将从本体和应用两大研究方向，通过对国内2000年以来西班牙语词汇研究的文献梳理来回顾国内西班牙语词汇研究的基本情况。

一、国内西班牙语词汇本体研究

国内对西班牙语词汇的本体研究主要为围绕西班牙语词汇音、形、义三要素的研究，主要涉及词缀、构词法等领域，如谓语词汇体研究（张沁园，2009）等。整体观之，主要包括构词法研究（李多，1982；邓显婕，2013；张毅，2015）、对比研究（魏晋慧，2005，2010；付彩艳，2009；王琦，2012；陈铧璐，2013；陈媛，2014；张可、田琰，2014；林琳，2018；杨敏，2018；赵天宇，2018；童擎，2013；马西，2019）、外来词研究（陆经生，1988；毕井凌，2011；魏媛媛，2011；周春霞，2012；腾悦，2018；任少凡，2019）、新词研究（裴枫，2012；何嫣，2013）等。构词法研究主要针对西班牙语词缀和复合词，其中张毅（2015）以石油领域西班牙语专业词汇为例，对西班牙语词汇的派生、合成等构词手段进行了分析。国内关于西班牙语词汇的本体研究多为比较研究，可分为语内比较和跨语言比较，语内对比是将西班牙语国家各自的西班牙语词汇进行比较，主要对比西班牙语词汇的区域国别差异；跨语言比较一般为西班牙语词汇同非西班牙语国家语言的词汇之间的比较，其中根据语言距离不同还可再分：魏晋慧（2005）、陈铧璐（2013）比较了墨西哥西班牙语与半岛西班牙语，指出墨西哥民族语言对西班牙语词汇的影响，如来自墨西哥纳瓦语的 tomate、chocolate、coyote 等词汇丰富了西班牙语词汇，甚至还使西班牙语增加了后缀 -eco，如 yucateco（尤卡坦的）；魏晋慧（2010）比较了西班牙语词汇与葡萄牙语词汇，提出相较于西班牙语，葡萄牙语词汇更多地保留了语言的历史痕迹，如来自阿拉伯语的单词"生菜"（al-kass），葡萄牙语为"alface"，西班牙语则为"lechuga"，同一词源，后者变化更大，然而在个别字母上，两种语言的词汇有着各自的演变，如拉丁语中的"-nn-"在葡萄牙语中演变成了"-n-"（dano），而在西班牙语中则演变成了"-ñ-"（daño）；陈媛（2014）对比了古巴西班牙语与半岛西班牙语，指出古巴西班牙语在词音上有 seseo[①]、yeísmo[②] 和省音（síncopa）等现象，在词义方面，个别古巴单词具有特殊的固定含义，如自行车在古巴称之为 chivo，而半岛西班牙语则为 bicicleta；杨敏（2018）、赵天宇（2018）对比了西班牙语和英语词汇，指出需要在西班牙语学习过程中降低负迁移，其中后者提及的英西同形异义结构词汇即为本书研究的英西同源词；马西（2019）比较了西班牙语和汉语表人词缀并根据词缀的具体含义进行了归类，此外，作者对比分析了词缀来源，发现汉语丰富的表人词缀中仅有一部分能和西班牙语表人词缀相对应，因此，除了典型词缀之外，对于大部分汉语表人词缀在翻译过程中都需要根据语境来处理，尤其是网络新词所包含的词缀，如"剁手党"的西班牙语译法要考虑到文化对等的问题；童擎（2013）将汉西动物词汇的喻人现象进行了对比，并从自然环境、生活方式、关注视角、传统文化、审美心理、外来文化影响六个方面分析了两者间差异的原因；付彩艳（2009）、王琦（2012）、张可、田琰（2014）对比了汉语和西班牙语词汇中隐含的跨文化差异，为跨文化交际提供了研究支持。外来词对西班牙语词汇的影响跟西班牙语历史发展有着重要关联，陆经生（1988）、魏媛媛（2011，2015）、任少凡（2019）分析了长达 8 个世纪的阿拉伯语对西班牙语词汇的影响；周春霞（2012）分析了 16 世纪以来由非洲移民带来的词汇对古巴通俗西班牙语的影响；英语的强势地位导致了西班牙语词汇吸收了大量英语外来语，毕井凌（2011）分析了西班牙语中英语外来词在科技、政经、文娱、社会生活等分类中的转写、音译、改写、意译等引进方式。同外来词的吸收一样，信息时代产生的网络语词汇构词方式也反映了西班牙语词汇具有较强的可塑性：裴枫（2012）、何嫣（2013）从新词研究出发，分析了西班牙语中网络词汇及外来词汇的构词规律、词义演变等。基于众多比较研究的内容和结论，我们可以看到，随着语言距离的增大，语言之间的相互影响变小，相互影响的领域也有所不同。

---

① 简言之，该现象指的是将音节 ce, ci 中字母 "c" 的音念成 /s/。
② 简言之，该现象指的是将字母组合 ll 的 /ʎ/ 音发成字母 y 的 /j/ 音。

截至目前，国内鲜有专门针对英西同源词汇的研究，然而学界已注意到了同源现象。事实上，知网上最早有这方面关注的文章为陆经生（1989）的《西班牙语词汇的异体现象探讨》一文。文中指出："西语的异体词有音同形不同，也有音形都不同。为了区别于同义词，笔者认为可另加一个标准：同源。"文中以源于墨西哥土语的 cacahuate（花生）为例，指出该词与西班牙语中 cacahuatl 和 cacahuete 同义同源，为异体词。文章将"同源"概念和西班牙语中"异体词"相结合，为"西班牙语内部同源现象"，与汉语同源词概念类似，或可称之为本族同源词（dobletes cognados）。本书所讨论的同源词并非单语同源，而是跨语言之间的同源：以法语的 restaurant 和西班牙语的 restaurante 为例，两词互为同源词，且均为"饭店"之义。除此之外，也有学者注意到英语和西班牙语词汇之间的相似性与"假朋友"（falso amigo）现象，并将该现象归结为同形异义现象（homonimia），相对应的词即为同形词（homónimo）（黄骏钊，2017；赵天宇，2018）。确切地说，两人所指的同形词的现象为语间同形异义现象。因此，赵天宇（2018）文章中提及的一对"假朋友"：来自芬兰语的 juusto（奶酪）和西班牙语中的 justo（公平的），事实上应当为语间同形词。假如我们认为将同源词分为"真朋友"和"假朋友"，那么后者与语间同形词的差别主要在于是否"同源"。如此说来，上述词对也不能被称为"假朋友"，因其来源并不相同：juusto 来自原始日耳曼语 justaz，而 justo 来自拉丁语 iustus。赵天宇在文中提及的另一词对则为同源词：英语单词 topic 和西班牙语单词 tópico 均来自古希腊语单词 topikós，两者享有共同词源，且为"假朋友"。在相对早期的双语记忆研究中，英语 homograph 一词似乎并未专指语间同形词，为了表述后者的含义，一般需要加一个"双语的"（bilingual）定语成分以作区分（French and Ohnesorge，1995），或使用二语（多语）习得及心理语言学中更为常见的称谓 interlingual homograph。西班牙语中就拥有许多 homograph（陈豪，2013）：如 vino 一词在西班牙语中有两种含义，一种为"红酒"，另一种为动词原形 venir（来）的简单过去时第三人称动词变位形式，义为"他来了"，尽管该词有两个基本含义，却不能认为这是 vino 的一词多义现象，也并非同源现象。部分心理语言学研究者将语间同形词（interlingual homograph）视作"假朋友"，也有些学者则认为"假朋友"即"假同源词"。由此观之，心理语言学研究者似乎对"假朋友"的定义不甚明晰，他们更关注词形、词频等词汇外部属性对心理表征的影响，即便如此，对同源词和"假朋友"等相关概念的探讨仍具有一定必要性。

二、国内西班牙语词汇应用研究

国内西班牙语词汇应用研究主要为词汇习得研究（李晓科，2008；宋尽东，2009；吴建设等，2015；陈智平，2019；王胜，2019）、词汇教学研究（田申、林永伟，2008；陈星，2010；付彩艳，2011，2013；朱俊璇，2011；陈豪，2013；田琰，2014；黎妮，2015；陈心如，2015；宋时阳，2015；欧煜、田少郁，2016；谭博，2016；赵沫，2016；刘旖捷，2018；郑昕，2018）、词汇翻译研究（曹啁童，2011；许云鹏，2014；黄骏钊，2017；张红颖，2019；张理想，2019）、语料库相关研究（巢玮，2015；姚刚，2018）、文化相关研究（胡晓琳，2015）等。一般来说，国内西班牙语习得为三语习得。宋尽冬（2009）对比了国内西班牙语三语习得和国外非母语西班牙语学习者的可用词汇，发现国内三语习得者人均单词输出量较大，然而对某些处于习得难度较低语义域的词汇掌握还不够，实验结果反映了词汇习得过程中教材、习得习惯、社会文化背景等因素的协同影响；吴建设等（2015）使用了"技能成分分析"，对比了英语、汉语和西班牙语阅读理解对西班牙语阅读理解的影响，在各成分中发现了西班牙语语义加工对西班牙语阅读理解具有突出作用，即词汇对阅读理解帮助最大，为国内多语习得研究提供了启示；陈智平（2019）通过英西双语迁移模式对比，指出了二外西班牙语学习中需要适当应用英语正迁移来提高西班牙语学习效率，尤其是要关注英西词汇中"形、义相同或相似的词汇"，即同源词；王胜（2019）对国内西班牙语三语学习者做了问卷调查后发现基于语言心理类型相似性，可以充分利用学生二语的语言背景知识、习得经历和学习策略来促进教学。词汇教学研究主要是指根据西班牙语词汇特点，提出特定的教学方法或手段：田申、林永伟（2008）基于迁移理论，认为西班牙语词汇教学需要将直接教学法和间接教学法相结合；陈星（2010）认为可以将谚语引入西班牙语基础阶段的词汇教学，激发学生的学习兴趣；朱俊璇（2011）分析对比了英西词汇的异同，根据克拉申中介语理论，对西班牙语词汇教学中的教材选择和教材分级进行了探讨；陈豪（2013）通过对西班牙语同形异义词的多方位分析，提出需要在西班牙语词汇学习中加入该类词汇的教学模块，以激发学生的词汇学习兴趣；田琰（2014）、宋时阳（2015）探讨了词源学对西班牙语词汇教学的作用；黎妮（2015）将"模因"概念结合西班牙语基础词和固定语，提出西班牙语准固定语的新建构主义教学策略；陈心如（2015）分析了西班牙语前缀，提出了前缀构词教学建议；赵沫（2016）对比总结了"面子"和"礼"概念的汉西互译情况，提出了教学建议。西班牙语词汇翻译研究主要为文化概念翻译和跨语言互译的研究：许云鹏（2014）基于关联理论分析了汉西互译过程中信息关联度的变化，指出了不可译情形产生的原因，并且从关联的角度关注了直译和意译现象，赏析了汉西等值翻译；黄骏钊（2017）基于英西相近词汇研究，通过大量例证，探讨了汉、西、英三语翻译中存在的问题，并给出了详细建议；张理想（2019）分析了西班牙语专有名词、文化词、外来词等词汇，从语块理论出发讨论了在口译教学中对词汇的编选和训练。在词汇教学应用过程中，语料库充当着词典般的参考角色，对词汇统计研究和学习借鉴具有特殊的作用。在西班牙语词汇区别和教学研究中，巢玮（2015）介绍了半岛西班牙语语料库esTenTen11，并以 Sketch Engine 引擎为检索工具，对比分析了 querer（想要）和 necesitar（需要）两个西班牙语单词，为同义词辨析与教学提供了新思路；姚刚（2018）基于 esTenTen11 语料库，采用数据驱动学习法（Data-driven Learning）对西班牙语本科学生词汇学习情况进行了实证研究，指出语料库应用于词汇学习的优点和不足。由于语言是文化的载体，胡晓琳（2015）基于标记理论，从形式标记、分布表及和语义标记三个角度探讨了西班牙语词汇中的性别歧视现象。

西班牙语词汇应用研究往往不细究词汇三要素，主要为结合相关理论和研究方法解决词汇应用或教学过程中的具体问题，因此，在应用研究中，词汇一般作为研究资料或者研究工具。词汇迁移等应用研究往往将研究对象扩展到西班牙语之外的语言，这就涉及了多语词汇的比较。通过对西班牙语词汇多方位应用研究的分析，我们发现，许多研究者都将英西词汇相对照，并结合迁移理论，对如何利用正迁移、减少负迁移进行了详细阐述，提出要提高西班牙语词汇学习效率，尤其要关注英西词汇中"形、义相同或相似的词汇"（陈智平，2019）。由此观之，在教学活动中，学者们已经注意到合理利用同源词的重要性，同源词概念所涉及的词源、习得和翻译研究也均有出现，然而，我们并未发现直接以西班牙语同源词为研究对象的文章，此外，上述文章对同源词的概念似乎也并不明确。西班牙语词汇应用研究中对"假朋友"的概念也有过论述。朱俊璇（2011）分析了《现代西班牙语》第一册的西班牙语词汇，罗列了所有英西"假朋友"，指出在西班牙语教学初期的词汇教学中，对于"假朋友"现象要引起重视，并指出英西形似或义似的"朋友词"（palabras amigas）多达 30%~40%，这无疑给掌握英语者学习西班牙语，或者掌握西班牙语者学习英语，或者双语平行学习者带来了困难，然而作者也并未对这些形似或义似的词汇给出概念化的解释，并未提及同源词概念或定义。从词汇应用研究中可以发现，在迁移、教学、翻译研究中，同源现象开始出现，"形、义相同或相似的词汇"距同源词的定义及研究地位的确定仅有一步之遥。综上所述，国内已经对西班牙语同源词现象有所关注，同源地位（cognate status）在多语习得与应用研究应当受到更大的关注。

西班牙语作为三语的教学阶段，主要存在于大学专业外语教学或者第二外语教学中。西班牙语同德语、法语一起被列入《普通高中课程方案和语文等学科课程标准》标志着西班牙语正式进入了国民教育体系，不仅说明了教育部对多语学习的重视，也说明了国内多语发展获得了政策支持，个体跨语言能力的培养也迫在眉睫。跨语言影响下的多语习得研究要求西班牙语词汇研究不仅要关注自身特点，更要适应国内多语环境的特点，不能忽视来自母语、二语，甚至其他外语的影响。就语言距离来看，国内三语习得来自二语或其他外语的影响较母语更大，因此，对多语同源词的研究将成为国内多语习得词汇研究的基础和必由之路，西班牙语词汇研究自然也不例外。

不论是同源词概念理解上的偏差，抑或是对同源现象理解不够深入，仅停留在"形、义相同或相似的词汇"的概念阐述显然不能作为国内西班牙语词汇理论和应用研究对词汇同源现象的最终定义。同源现象不仅仅包含"形、义相同或相似的词汇"，而且也并非"同形异义"现象（homonimia），尽管就不同语言来说，后者更应当与"假朋友"进行类比。然而，顾名思义，同源词最基本的概念为拥有同一来源的词汇，单凭这个宽泛的概念，"同源现象"在同一门语言中就会与一词多义或异体词的概念有所重叠，因此，有必要对同源词定义进行探讨，并讨论其与其他词类的区别。本书所讨论的同源词主要是指不同语言中具有同一来源的词汇，基于这一基本概念，"同源现象"也包含外来词现象，尽管毕井凌（2011）在文章中并未提及同源词，但实际上也是对同源词产生方式的一种讨论。

在西班牙语词汇教学初期，国内学生通常会将西班牙语词的音、形、义跟他们的第二语言词汇（通常为英语）做比较。尽管大部分词汇的发音不同，有些西班牙语词在词形和词义上却往往和某些英语词汇相类似，如 estudiante（学生）和 student（学生）等，这类词为学生在西班牙语学习初期所接触的英西同源词，在学习词汇含义及用法的过程中，学生往往类比英语词汇，尤其在掌握西班牙语发音规则后，同源词能给西班牙语学生带来词汇学习的便捷。同样，在一时无法选取合适的汉语来完美解释特定语境下的西班牙语单词及其用法时，教师往往会求助其英语同源词的含义及用法，如西班牙语单词 acusar（指控）及其用法 acusar a alguien de algo（指控某人某事）可以与英语同源词 accuse（指控）及用法 accuse sb of sth（指控某人某事）进行类比，其中西班牙语介词 de 的用法跟英语介词 of 的用法类似。国内西班牙语教学如此，我们可推知在其他第二外语专业的教学中也应当如此。在意大利语、德语、法语等拼音文字语言的词汇教学中，教师们应当也会使用同源词教学手段来解释某些单词的含义和用法。由于国内学生的二语绝大多数为英语，因此，在多语习得中对英语"二语地位"的探讨显得尤为必要，多语间的相互影响不仅包含迁移效应，还包含语言磨蚀现象。过去 10 年间，国内多语习得研究的兴起不论是给外语教学研究（尤其是非英语外语及非通用语种的教学）或是外语习得研究都树立了"深入研究"的指示牌，在全球多语习得研究方兴未艾的大环境下，国内关于非英语外语及非通用语的习得研究应当本着国内多语语言距离的特殊性及国民教育计划对相关外语重视而受到更广泛的关注。

词汇研究是跨语言影响研究中最丰富的领域之一，作为连接多语言桥梁的砖瓦，同源词是跨语言影响下多语词汇学与应用语言学研究的基础。作为国内同源词研究的开端，本书对英西同源词的研究需要同时关注同源词的理论与应用研究。因此，英西同源词的研究至少需要考虑以下问题：多语同源词的基本定义和分类；国内外同源词研究现状；国内同源词研究和国外同源词研究有何不同，各具有哪些特点；国外同源词研究对国内同源词研究有何借鉴；同源词在多语习得尤其是词汇习得中的地位；同源词研究对国内多语习得研究有何帮助；等等。由于汉语跟大多数印欧语系语言间的巨大语言距离，同源词研究中对国内母语为汉语者较母语为拼音文字语言者而言更具有特殊性。下一章为同源词研究的基础概念分析，我们将以英西同源词为例，对同源词的起源、定义、分类进行深入探讨，明确究竟何为同源词，以及与同源词相关的词汇概念。

第二章　同源词概念与定义

最早提出同源词概念的学者为弗吉尼亚·艾伦。艾伦（Allen，1983）将其描述为："在西班牙语、法语、荷兰语甚至德语中，有许多看起来非常像英语单词的词汇，它们拥有相同来源。这些词被称为同源词。"同源词的西班牙语为 palabras cognadas，英语为 cognate words，也可直接取关键词，分别为 cognado 和 cognate。上文提到的"共同来源"一般根据词汇的词源来确定，可以追溯到较为古老的语言，如古拉丁语和古希腊语。通常来说，由同一来源演变来的词汇在双语甚至多语言中的形态和含义是相同或者相近的（Aske，2015）。

英语单词 cognate 和西班牙语单词 cognado 即互为同源词，两者词形相似，均源自拉丁语单词 cognātus，其中 co 有"共同的"含义，gnātus 有"出生的"含义。许多同源词词对都可根据词形相似而被一眼识别，如上述两个单词；有些则需要考据两者是否拥有共同词源，如英语单词 orange 跟西班牙语单词 naranja，均有"橙子"的义项，尽管两者词形相距较远，然而两词的词源均可以追溯到梵语 naranga-s（Ortega，2007）。伴随同源词研究的发展，按照不同研究目的，学者们对同源词概念的理解、应用与再分类也略有差别。在本章，我们试图从普通语言学与应用语言学两个方向来阐述同源词的概念与定义，前者为同源词基于词汇本体研究的理据性定义（经典定义），主要来自历史语言学、词源学、词汇学、词典编纂学等学科；后者主要从实验需求出发，基于词汇的基本属性及变量控制来选取同源词，在此过程中并未深入理论概念，而是从既定语料库中筛选，并检测其可行性（词长、词频控制等）。事实上，语言内部也有同源词，而本书所研究的对象为"跨语言同源词"或"多语同源词"，而非"单语同源词",在下文展开"单语同源词"研究之前,我们将以汉语为例,对单语同源词研究略作引述。

一、同源词经典定义

本节我们将从词源、词典、语言学等领域出发讨论同源词定义。

（1）词源学定义

上文提到,同源词（西班牙语为 palabras cognadas,英语为 cognate words）的简化称谓分别为 cognado（西班牙语）和 cognate（英语）。两词最早来自拉丁文 cognātus,指的是拥有共同来源的词汇。然而,汉语的同源现象一般体现在同源字上,而遵照王力（1978：28,29；1982：3,5）的说法,同源字事实上又为同源词。他对同源字有着明确的定义:"凡音义皆近,音近义同,或音同义近（《同源字典》所收《同源字论》作'义近音同'）的字,叫作同源字。"周祖谟先生在《中国大百科全书·语言文字》（中国大百科全书出版社编辑部,1988：384）中指出:"在汉字里有很多音同义近,或音近义同的字。这类字往往是语出一源……所以称之为同源字。""同源字实际也就是同源词。"《中国语言学大辞典》（中国语言学大辞典编委会,1991：33,34）给"同源字"立了2个义项:"①记录同一词族的词的文字。""②即'同源词'。"其中后一义项即专指这种传统意义上的同源字。汉语里同源词的判定涉及词源学及文字学,根据定义及其与本书研究同源词的语言差异,可以被称为本族同源词或单语同源词,与之相对,本书讨论的同源词属于异族同源词或多语同源词。因西班牙语词汇中也有本族同源词（dobletes cognados）,为方便起见,如无特别说明,本书谈及的同源词一般指的是多语同源词（跨语言同源词）。

同源词的词源定义也涉及欧洲几种语言词汇的相互影响,如galicismo（源自法语的表达）, anglicismo（源自英语的表达）, latinismo（源自拉丁语的表达）, helenismo（源自希腊语的表达）, germanismo（源自日耳曼语的表达）, arabismo（源自阿拉伯语的表达）, lusitanismo（源自葡萄牙语的表达）,等等。在词汇发展过程中,同源词会产生透明度变化。如"动物"一词，在西班牙语和英语中均为 animal，是完全透明的；而"油"一词，在西班牙语中为 oleo，在英语中为 oil，这组词就比上一组词的透明度要小。诸如此类，不透明同源词还比如"寒冷的"一词，在西班牙语中为 gelido，在英语中为 cold；"燃料"一词，在西班牙语中为 combustible，在英语中为 fuel；"葡萄"一词，在西班牙语中为 uva，在英语中为 grape；"言语"一词，在西班牙语中为 habla，在英语中为 parlance；等等。因此，上文提及的梵语 naranga-s 在西班牙语和英语中已经演变成了不透明同源词。[①] 根据历史语言学的观点，某些不透明同源词实际上才是真正意义上的同源词，这是因为两种语言中互为同源的词汇来源于继承（patrimonial）词汇，也叫流行词汇（palabra popular）（Aske，2015：9，28）。按照该说法，由继承词汇变过来的同源词甚至也可以被称为继承同源词。西班牙语继承自拉丁语的词汇一般可分为继承词汇（palabras patrimoniales）和书翰词汇[②]（palabras cultas）：继承词汇一般为口头传承的词汇，如 agua（水）等；书翰词汇则为书面传承的词汇，也叫 cultismo，如 locuaz（夸夸其谈的）等。后者在西班牙语中占到了 30% 左右，跟同类型词汇在现代英语中的比例相仿（Aske，2015：38），且不包括上文提及的来自法语（galicismo）的拉丁词源词汇。

词源学对同源词的定义是最经典、最科学、最严格的：在判定一组英西同源词是否为真正意义上的"同源"时，假如认为这组单词来源于拉丁语，那么这组词是否来源于唯一的拉丁语单词就成了判定其同源纯度的标准之一，甚至还需要分析相关拉丁语单词的词根，此外还得加上词性是否一致这个标准。比如西班牙语阳性名词 constipado（感冒）和英语单词 constipated（患有便秘的），两词共有的部分来自拉丁语词根 cōnstipāt-，而该词根也是拉丁语动词 cōnstīpāre 的过去分词 cōnstīpātus 的词根，由前缀 com-（为 con- 的变体，义为和、与），以及词根 -stīp-

---

① 然而，某些非同源词的词形在两种语言里也会非常相近，如源自日耳曼语的英语词汇 fin（鱼鳍），can（能够），dice（骰子），come（来），ore（矿石）与西班牙语词汇 fin（结束），can（犬），dice（他说），come（他吃饭），ore（祷告）（Ortega，2007）。

② 取自马联昌、周为民（2012：68；102）一书中"书翰形式"及"书翰前缀"的提法。

（义为填满、塞满）和后缀 -āt- 组成。然而，西班牙语 constipado 为动词
constipar 的过去分词形式，与之对照的英语后缀 -ed 却并非源自拉丁语后
缀 -us，而源自原始日耳曼语 -da-，加之上述两词词性也不同，因此不能
算严格意义上的同源词。然而，在不深究上述两个条件的情况下，凭借
它们与 cōnstīpātus 的直接继承关系，我们还是认为它们是同源词。

　　同源关系会在词汇的使用过程中产生：①在某些情况下，两个不同
语言中的同源词可能源自同一语言的两个相关词汇，这两个相关词汇中，
其中一个为另一个的派生词；②在某些情况下，一组均可追溯到某拉丁语
单词的同源词动词，因词尾变化，分别在各自语言中派生出了相应词性
的词汇（变换词缀等），从而得到新的名词或形容词。基于上文的同源词
判定标准，上述两种情况下产生的同源词组也不能被称作严格意义上的
同源词，而可被称作近音词（parónimo）（马联昌、周为民，2012：237）
或近源词。在第②种情况中，有些用于派生的后缀来自拉丁语，有些则
不是，如英语单词 comedian（喜剧演员，其西班牙语同源词为 cómico）
的后缀来自法语单词 comédien（Aske，2015：22）。此外，根据西班牙
语词汇派生法，同一词根可以派生出许多同族词，如：gobierno（政府），
gobernanza（管制），gobernamiento（管理）。然而，后两者成了古旧词汇
（西班牙语为 obsoleto），不再被使用。[①]Aske 将严格意义上的同源词称之
为 cognado（名词形式），将具有同源关系的词汇称之为 palabras cognadas
（cognado 的形容词形式）。我们认为，按照研究领域或研究目的的差异，
对同源词概念的理解和使用需要做出一定的说明，比如本书第一部分所
指的同源词包含近源词；而第二部分所指的同源词则主要关注其词形是否
相似或相同，不去深究词源。

　　对古典拉丁语（latín clásico）和民间拉丁语的继承使得欧洲语言之
间有大量的同源词存在，以西班牙语和英语为例，前者与法语等罗曼语
就是从民间拉丁语（或称通俗拉丁语）（latín vulgar）演变而来，古英语

---

① 某些在西班牙不再被使用的古旧词汇还活跃在美洲大陆上，体现出了美洲西班牙语词汇的守旧性（马
联昌、周为民，2012：343）。

中的大量民间拉丁语的继承词源是 1066 年法国的诺曼底公爵登陆英格兰之后由古法语中引入并经过了约 300 年的发展，因此，事实上不能直接说具有拉丁词源的英语词汇为民间拉丁语的继承词汇。法语中存在的继承词汇是因为法语是直接从民间拉丁语演变而来的，而英语则不是。从欧洲语言相互影响的角度来看，西班牙语和英语之间词汇互借也导致了同源词的产生，如：líder（西班牙语：领导）借自 leader（英语：领导）；tornado（英语：飓风）借自 tronada（西班牙语：雷雨），而西班牙语的 tornado（飓风）又借自英语。除此之外，两种语言中也有来自第三语的词汇，如来自意大利语 balcone（阳台）的 balcón（西班牙语）和 balcony（英语）。英语中可以被称为继承词汇的是来自日耳曼语的词汇，而日耳曼语中的部分词汇在西哥特占领西班牙期间也融入西班牙语中，因此西班牙语和英语拥有了日耳曼词源的同源词，如 bandido（西班牙语：强盗）和 bandit（英语：强盗）。

（2）词典释义

《西班牙皇家语言学院词典》并未对同源词有明确的定义。该词典有词条：

cognado, da

Del lat. cognātus 'pariente por cognación'.

① *adj.* Gram. Emparentado morfológicamente.

② *m. y f.* Pariente por cognación.

作为名词，cognado 指的是具有亲缘关系的双方；作为形容词，为"形态相似的"之义。即便如此，不论是同源词理论研究还是应用研究，一般来说，cognado 指的就是同源词。

《牛津词典》（*Diccionario de Oxford*）（Montaño Rodríguez，2009: 37）指出：

Un cognado es semejante, descendió de un antepasado común (del co + gnatus del latin)

《语言学和语音学的一本词典》（*A Dictionary of Linguistics and Phonetics*）
（Crystal，2008）对同源词的定义如下：

cognate (*adj./n.*)　① A language or a linguistic form which is historically
derived from the same source as another language/form, e.g. Spanish/Italian/
French/Portuguese are "cognate languages" (or "cognates"); père/padre, etc.
("father") are "cognate words" or "cognates".

Gonzalo Pérez（2016: 11）认为 Crystal 的定义仅指明了同源词词源
上的联系，并未说明词义上的联系。她认为基于同义词的理解，同源词
是不同语言中的同义词，即同一所指（significado）在不同语言中的能指
（significante）体现。

除了上述词典外，以下词典也给出了同源词的含义。

《美国传统词典》（*The American Heritage Dictionary*）对同源词的解释
如下：

cognate[①]

adj. ① Related by blood; having a common ancestor. ② Related in
origin, as certain words in genetically related languages descended from the
same ancestral root; for example, English name and Latin nōmen from Indo-
European *n -men-. ③ Related or analogous in nature, character, or function.

n. ① One related by blood or origin with another, especially a person
sharing an ancestor with another. ② A word related to one in another
language. ③ A sequence of university courses taken as an adjunct to a graduate
degree program: earned an MA in linguistics with a cognate in computer
science.

《朗文应用语言学词典》（*Longman Dictionary of Applied Linguistics*）
对同源词的解释如下：

cognate /'kognent || 'kog-/ *n, adj.*

---

① https://www.ahdictionary.com/word/search.html?q=cognate

A word in one language which is similar in form and meaning to a word in another language because both languages are related. For example English brother and German bruder.

Sometimes words in two languages are similar in form and meaning but are borrowings and not cognate forms.

For example, kampuni in the African language Swahili, is a borrowing from English company.

See also false cognate

false cognate /'fɔ:ls 'kɒgneit ‖ 'kag-/ *n*

also faux amis, false friend /'fɔ:ls 'frend/

A word which has the same or very similar form in two languages, but which has a different meaning in each. The similarity may cause a second language learner to use the word wrongly. For example the French word "expérience" means "experiment", and not "experience". French learners of English might thus write or say: Yesterday we performed an interesting experience in the laboratory.

False cognates may be identified by contrastive analysiss.

faux amis /fauza'mi:/ *n*

Another term for false cognate

《牛津英语词源词典》(*The Oxford Dictionary of English Etymology*) 对同源词的解释如下：

cognate kɔ-gneit akin, descended from a common ancestor; also sb. XVII. -L. cognātus (cf. Gr. συγγενής), f. com, co- + gnātus born, f. *gn- *gen- produce; see co-, KIN, -ATE, So cognA·TION. XIV.-L.

《读者文摘大百科全书词典》(*The Reader's Digest Great Encyclopedic Dictionary*) 对同源词的解释如下：

cognate (*adj.*) ① We were cognate on our mothers' sides. French and Italian are cognate languages: related, akin, kindred, relative, consanguine.

② Jogging and bicycling are cognate forms of exercise: similar, like, alike. -n. ③ Kaiser and Czar are German and Russian cognates of Latin Caesar: word that is related to another word or words by derivation, borrowing, or descent.

Ant. ①, ② unrelated. ② unlike, unalike, dissimilar, different, opposite, contrary, contradicting, conflicting; unallied, unassociated, unaffiliated, diverse.

《韦伯斯特百科全书式未删节的英语词典》（*Webster's Encyclopedic Unabridged Dictionary of the English Language*）对同源词的解释如下：

cog-nate (kog'nāt), (*adj*). ① related by birth; of the same parentage, descent, etc. ② Ling. descended or borrowed from the same earlier form: cognate languages; cognate words. ③ allied or similar in nature or quallty. -n. ④ a person or thing cognate with another. ⑤ a cognate word: English "cold" is a cognate of German "kalt" [< L cognāt(us). Equiv. to co- co- + -gnātus (ptp. of gnāsci, var. of nāsi to be born)] -cog'nate-ness, n. -cog-nat-ic (kog-nat'ik). *adj.*

综上所述，综合性词典对同源词的定义均会包含"同一词源"或者"相似的"概念，专业性词典更强调词义联系，其中，具有详细定义的词典会强调在不同领域中词义的细微差别，如《美国传统词典》。而语言学专业词典，如《朗文应用语言学词典》，对同源词与借词做出了区分，认为借词当不属于同源词范畴，并且也给出了"假朋友"与假同源词的定义，认为"假朋友"即为假同源词的另一种称法，而并未对"假朋友"的词源情况进行说明。由此观之，即便是词典，对于同源词及其相关概念也并未进行定义上的明确区分。

（3）语言学定义

历史语言学（historical linguistics）一般认为同源词（cognate）是指那些来源于同一词汇的通过不间断口口相传而流传下来的词汇（Aske，2015：56）。19世纪的历史语言学（也称历时语言学）将同源词定义为拥有共同来源的两个不同词汇，可称之为同源异音词，在西班牙语中被称为"dobletes cognados"（Gonzalo Pérez，2016：11）。一般认为，"dobletes cognados"指的是本族同源词，如西班牙语中的 delicado（精细的）和 delgado（纤瘦的）互为同源异音词，两者均来自拉丁词汇 delic ā tus。同源异音词概念（本族同源词）有别于同音词，就字面上来看，最主要的区别在于前者"同源""异形""异音"，后者"异源""同形或异形"①"异音"。

以历史语言学的观点来看，在词汇使用过程中，书翰词汇和继承词汇作为词汇的发展模式为西班牙语中本族同源词的产生原因之一（Aske，2015：31）。以西班牙语中的 fuego（火）和 foco（焦点）为例，两词均源自拉丁语名词 fŏcus，义为"火堆"。其中 fuego 为继承词汇，从古西班牙语到现代西班牙语的演变过程中经历了两种变化：①重读元音 ŏ 演变成了 ue，②两个元音间的辅音 c 演变成了 g；而 foco 一词在 18 世纪初被记载为"焦点"之义，该词同拉丁词汇的区别仅仅体现在书写上：-us 这一词尾在西班牙语中演变为 -o。我们发现，有文字记录的词汇在使用及发展过程中更容易产生严格意义上的异族同源词，而本族同源词中的继承词汇有时跟英语中关联词汇的词形类似，词义不同，且比较容易互相混淆。

二、研究目的导向概念

研究目的导向概念主要为在二语或多语研究中从跨语言影响视域出发的同源词概念。这种概念旨在服务于心理语言学、应用语言学等研究方法，具体为通过实验研究具体案例、具体任务而选取的某类同源词，整体来看，此类同源词的概念比较相似，但也有些许差异。因此，从实用性角度来看，在涉及应用语言学和教育学的外语学习过程中，那些形似的、具有相同含义的词对可被称作有用的同源词（useful cognates）（Aske，2015：10），用以区别过于理论化的同源词定义。同样，捷姆尼科娃和纳格尔（Temnikova & Nagelm，2015）认为，同源词为跨语言词汇中词形和功能高度重合的词汇，他们通过对非同源词对（所选词对为仅有功能重

---

① 同音词（homonimia）下分同音异义词（homógrafo）和同形异义词（homófono）。

合的词对）进行同源词掩蔽启动实验，来研究俄英同源词促进现象。冈萨罗·佩雷斯（Gonzalo Pérez，2016）认为，应用语言学研究中的同源词主要指的是不同语言中具有共同来源的、词形相似、含义相仿的词汇。

二语习得研究者一般认为同源词是一种在一语／母语（L1）和二语／目标语（L2）中具有相同含义的词汇（Montaño Rodríguez，2009：22）。布兰德斯、范·赫尔和戴克斯特拉（Brenders，Van Hell & Dijkstra，2011）指出，诸如 garage、bed、bal 等单词在英语和荷兰语中（几乎）拥有相同的书写形式，甚至具有相同的意义，或者两者词义大部分重合，因此，这些词叫做"同源词"（cognates）；而在不同语言中，拥有共同词形、不同词义的词叫做"假朋友"（false friends），或为"语间同形词"（interlingual homographs）（Dijkstra et al.，1999；Dijkstra & van Heuven，2002；Comesaña et al.，2010，2012；Poort & Rodd，2017，2019）。例如 boot 一词，在荷兰语中是"船"的意思，在英语中是"靴子"的意思；angel 在荷兰语里为"针"的意思，在英语中为"天使"的意思。泊特和罗德（Poort & Rodd，2017）指出，同源词是指在超过一种语言中存在的词形相同或大致相同且具有相同含义的词汇，如英语和荷兰语中的 winter 一词，而语间同形词则是在超过一种语言中共享词形而不共享词义的词。

针对二语习得词汇翻译研究，康梅萨尼亚等（Comesaña et al.，2012）将同源词定义为双语中正字法和语音相似的翻译等价词汇（equivalent translations that are orthographically and/or phonologically similar），而将非同源词定义为双语中词形不相似的翻译等价词汇（non-cognate words are equivalent translations that are not similar in form）。同样，洛拓和德·格鲁特（Lotto & de Groot，1998）在二语词汇习得研究中，认为同源词为二语中翻译对等且词形相似的词汇，非同源词是翻译不对等的词汇。科斯塔、卡拉马萨和塞巴斯蒂安 - 耶斯（Costa，Caramazza & Sebastian-Galles，2000）认为同源词为在一个双语者两种语言系统中词形与词音相似的翻译词，非同源词为两种语言中只有词义相同的翻译词。尽管上述几个概念有些差别，但在二语习得词汇或翻译研究中，对于同源词或同源词地位描述的关键词为"翻译对等"（translation equivalent），由此可见，同源词这一特点为二语习得研究者在词汇习得研究中的切入点。

在心理语言学词汇研究中，研究者更强调词汇在心理表征上的特征，而同源词之间存音、形、义上的重叠，因此他们通常认为同源词相较非同源词更具有刺激（词汇）与心理表征之间的加工优势（吴成刚，2016）。然而，心理语言学对"假朋友"的定义似乎多倾向于"语间同形词"概念，并认为这个概念可以与"同源词"概念相对应，因此往往将其直接理解成"假朋友"。然而，也有学者取"语间同形词"字面之义，认为"同源词"与"假朋友"均属于该类词汇（Schröter & Schroeder，2016）。

不同研究领域以及研究对象与研究目的之间的差异会导致在具体研究中专有名词概念的模糊化，即在具体研究中，存在不同的专有名词来表达某一特定的概念，反之亦然。基于这种情况，对于研究者来说，我们要做的就是充分理解专有名词所表达的含义及其在具体研究中的侧重点与细微差别，并在我们自己的研究中妥善使用它们，在有必要的时候做出相关解释。以西班牙语和英语为例，在纳什（Nash，1997）的研究过程中，他首先就对相关概念进行了阐释，认为英西同源词为在西班牙语和英语两种语言中具有相同或相似含义的词汇，可以是形态完全相同的词汇，如：radio（收音机），crisis（危机），usual（通常的）等，也可以是拥有个别字母或元音差异的词汇，如：西班牙语单词 moderno（现代的）和英语单词 modern（现代的），西班牙语单词 puntual（准时的）和英语单词 punctual（准时的），西班牙语单词 anormal（不正常的）和英语单词 abnormal（不正常的）等；而"假朋友"（西班牙语称 falso amigo，英语称 false friend）是上述词汇中词形相似但含义不同的词汇。

第三章　同源词来源与分类

本章将以西班牙语和英语同源词为例，将同源词的分类方法进行总结。一般来看，大多数国内外学者对同源词的分类方法无外乎以下三种，也较为经典：词形分类法、词义分类法和语法功能分类法（Ortega，2007），比如纳什（Nash，1997）就按照词形将同源词分成了5大类。除上述分类法外，Aske（2014）根据同源词历史来源的不同，将英西同源词进行了更细致的划分，共计13大类；蒙塔约·罗德里格斯（Montaño Rodríguez，2009）则基于词缀比较对同源词进行了分类。

一、Ortega 分类法

奥尔特加（Ortega，2007）的分类方法兼顾了词形、词义和词汇的语法功能。他认为，根据词形不同，同源词可以再分成同形同源词（cognados homógrafos）、类同形同源词（cognados cuasi-homografos）和非同形同源词（cognados de homografía mínima o inexistente）；根据词义相似程度不同，同源词可以再分成同词义同源词（cognados de similitud semántica total）、类词义同源词（cognados de similitud semántica parcial）和不同词义同源词（即为"假朋友"[①]）（cognados falsos）；根据语法功能不同，同源词可以再分为单语法功能同源词（cognados monofuncionales）、双语法功能同源词（cognados bifuncionales）和多语法功能同源词（cognados multifucionales）。

---

① Ortega认为这一类也是"假朋友"，然而在西班牙语原文对应的直接译法为假同源词，两者概念不完全相同，除了心理语言学用"语间同形词"来定义"假朋友"之外，一般来说，"假朋友"指的就是"假同源词"。

1. 按词形不同再分类

根据双语词汇演变及书写规则等差异，在形态上，同源词从完全相同到完全不同有着渐变过程：书写完全相同的同源词，如 color（颜色）；仅有一个字母之差的同源词，如 autor（同源词对按照先西班牙语单词，后英语单词列举，下同）和 author；差别一个字母以上的同源词，如 énfasis 和 emphasis；后缀不同的同源词，如 civilizar 和 civilize；前缀不同的同源词，如 inaceptable 和 unacceptable 等。如此，我们可以得到以下三大类。

（1）同形同源词

同形同源词（cognados homógrafos）指的是双语中书写完全相同并拥有相同含义的同源词，该含义通常为各自语言中最常用的义项，然而由于语音系统的差异，该类同源词在双语中往往发音不同。即便如此，无论是在言语交谈中还是在书面语中，只要掌握其中一门语言，在另一种语言中就能迅速辨认出该类同源词，同时迅速明白该词的基本词义。该类同源词的例词如下：

legal, crisis, usual, radio, axial, angel, base, cable, carbon, central, conductor, doctor, dosis, era, especial, gradual, halo, hotel, hostal, idea, item, lineal, manual, motor, motel, mortal, nuclear, oral, pasta, piano, plan, ritual, reactor, solar, televisor, tractor, usual, verbal…

（2）类同形同源词

类同形同源词（cognados cuasi-homografos）指的是书写近似的同源词。该类同源词在双语中存在个别字母的差异，比如在相同位置存在元音差异，或后缀差异等。由于差异小，双语者在使用过程中也能对该类同源词进行迅速反应。该类同源词的例词如下：

caso（case）, bote（boat）, evolución（evolution）, igual（equal）, dormitorio（dormitory）, fracción（fraction）, arpa（harp）, paquete（pack）, pera（pear）, cuestión（question）, sopa（soup）, tinta（tint）, abandonar（abandon）, adulto（adult）, aire（air）, arma（arm）, argumento（argument）, copiar（copy）, culto（cult）, evidente（evident）, exacto（exact）, falso（fault）, grasa（grease）, grupo（group）, interés（interest）, limón（lemon）, marítimo（maritime）, masa（mass）, mensurar（measure）, océano（ocean）, fase（phase）, resto（rest）, sedimento（sediment）, tope（top）, trazar（trace）, cero（zero）……

（3）非同形同源词

非同形同源词（cognados de homografía mínima o inexistente）是指不同语言系统中来自同一词源的同源词，它们在发展过程中因经历了书写上的显著改变而在词形上失去了相似之处，双语者一般需要重新识记。该类同源词的例词如下：

gélido（cold）, combustible（fuel）, uva（grape）, aceite, óleo（oil）, habla（parlance）……

2. 按词义不同再分类

在不同语言中，并非所有同源词均拥有完全重合的词义。一组同源词在各自语言中往往有自己的语义场。因此，即便是针对同源词，在双语互译中也不会将它们作为首选翻译词。例如，The line of people was too long（队伍排得很长）中的 line 一词在西班牙语中的同源词为 línea，然而上面这句话却不能直接译成 La línea de gente era muy larga，这是由于西班牙语中更倾向于使用 fila 一词来表达"队伍"的概念，因此，更为妥当的译法应当为 La fila de gente era muy larga。

（1）同词义同源词

同词义同源词指的是（cognados de similitud semántica total）在两种语言中基本义完全相同的同源词，在双语中可以进行互译。一般来说，该类同源词在两种语言中不引申成其他含义。该类同源词的例词如下：

abdomen（abdoment）, acústica（acoustics）, adjetivo（adjective）, aleación（alloy）, básico（basic）, binario（binary）, cedro（cedar）, cargo（charge）, copia（copy）, cuenta（count）, curso（course）, deuda（debt）, duda（doubt）, fama（fame）, factura（fracture）, fumigar（fumigate）, grasa（grease）, yeso（gypsum）, laboratorio（laboratory）, nombre（noun）, óptica（optics）, privado（private）, prueba（prove）, cuestión（question）, recuperar（recover）, registrar（register）, ciencia（secience）, espía（spy）, trampa（trap）, tropa（troop）, unidad（unit）, virar（veer）, verbo（verb）, cero（zero）…

（2）类词义同源词

类词义同源词（cognados de similitud semántica parcial）指的是同源词在两种语言中含义相近，但不完全相同。尽管该类同源词在双语中语义近似，但是一般不能进行互译。此外，该类同源词还包含某个义项相同，其余义项、语法用法或词性却不同的词汇，因此在双语学习过程中需多加注意。该类同源词的例词如下：

alma（alms）, arena（arena）, bravo（brave）, campo（camp）, cuerpo（corps）, disgusto（disgust）, facilidad（facility）, fabricar（fabricate）, firme（firm）, gracia（grace）, infante（infant）, lente（lens）, mayor（major）, mísero（miser）, neto（net）, plano（plain）, cuesti（quest）, role（roll）, sobrio（sober）, estancia（stand）, toilet（toilet）, último（ultimate）, vender（vend）, fila（file）, elaboración（elaboration）, pipa（pipe）, figura（figure）, fabric（fábrica）, lecture（lectura）, detalle（detail）, fanático（fan）, sonido（sound）, relativo（relative）, guardar（regard）…

（3）不同词义同源词

不同词义同源词（cognados falsos）直译为"假同源词"，有时也被认为是"假朋友"，指的是在两种语言中拥有共同词源，而含义却截然不同的同源词。"假朋友"这个称谓来自法语 faux amis。由于词义比较复杂，有些同源词在西班牙语中的常用义项在英语中变得很罕见，例如 librería 和 library，反之亦然。根据使用频率，部分类词义的同源词也可被归为这一类。该类同源词的例词如下：

actual（actual）, fino（fine）, largo（large）, éxito（exit）, librería（library）, tarjeta（target），pariente（parents），rato（rate），lana（lane），escolar（scholar），billón（billion），dato（date），padre（padre），extender（extent），noticia（notice），probar（probe），trampa（tramp），idioma（idiom），decepción（deception），físico（physician），desgracia（disgrace），complexión（complexion），cumplir（comply），casualidad（casualty），señor（senior），colegio（college），signatura（signature），corona（coroner），suceso（success），grueso（gross），propio（proper），sano（sane），separar（several），simpático（sympathetic），atender（attend），empeorar（impair），realizar（realize），reasegurar（reassure），recuerdo（record），relato（relate），remanir（remain），estar（state），suceder（succeed），zapa（sap），auditar（audit），embarazar（embarrass），humo（fume），grado（grade），grande（grant），molestar（molest），pretender（pretend），marrón（marron），plato（plate），pelotón（platoon），primo（prime），sujeto（subject）…

3. 按语法功能不同再分类

根据词性、语法的性和数等功能性差异，同源词可以进行再分类。在英语中，由于词汇变化不如西班牙语多，因此往往一个单词同时具有多个词性，如 fine，既可用作名词，也可用作动词或形容词。而在西班牙语中，一个原形动词结合人称和时态往往拥有超过一百种变位，而原形动词的词尾相对固定，一般以 -ar、-er 和 -ir 结尾。因此，一个西班牙语单词既用作动词又用作名词的情况在语言使用中较为少见。[①] 词性变化带来的语义变化也会导致同源词分类的变化：英语名词 fine 来源于拉丁语 finis，含义为"结束、界限"，在中世纪拉丁语演变进程中产生了"税收"等跟金钱相关的含义；其形容词的用法最早可以追溯到 12 世纪，含义为"高质量的"。在西班牙语中，fine 的同源词 fin 仅具有名词"界限，结束"之义，由该名词演变而来的 fino 为形容词，拥有"精致的、细小的"的含义。因此，从严格意义上来说，fine 的同源词为 fin，而"-o"这一形位在

---

① 不包括原形动词在句中用作名词的情况。

西班牙语中并非典型的派生后缀，仅是标注了词的阴阳性，因此，也可以说英语单词 fine 在西班牙语中的同源词既可以是 fin，也可以是 fino。

（1）单语法功能同源词

单语法功能同源词（cognados monofuncionales），顾名思义，指的是仅有一种语法功能的同源词，此处的语法功能一般是指词性，有些同源词"假朋友"也属于该词类。该类同源词的例词如下：

actual（actual），propio（proper），simpático（sympathetic）……

（2）双语法功能同源词

双语法功能同源词（cognados bifuncionales）指的是具有两种词性的同源词，一般来说，多词性体现在英语中，如 resolve 一词，作动词使用时通常为"解决（问题）"的含义，其西班牙语同源词 resolver 的常用含义也是如此，然而，resolve 作名词使用时则为"坚决、决定要做的事"的含义，西班牙语的 resolver 则一般只能作为动词使用，因此，在翻译英语的 resolve 一词时，译者需要根据词性的不同采取不同的翻译方法，来决定是应该选择同源词 resolver 还是名词 determinación。该类同源词的例词如下：

restar（rest），materia（matter）……

（3）多语法功能同源词

多语法功能同源词（cognados multifucionales）指的是具有两种以上词性的同源词，如上文提到的 fin（fine）和 fino（fine）等。

二、Nash 分类法

作为《英西同源词词典》的作者，纳什（Nash，1997）根据词形差异程度不同，将同源词分成了五种类型：

（1）外形完全相同的同源词，如 legal（法律的）。

（2）仅有一个字母不同的同源词，如 básico 和 basic。

（3）多个字母不同的同源词，如 énfasis 和 emphasis。

（4）后缀不同的同源词，如 variedad 和 variety。

（5）前缀不同的同源词，如 desarmar 和 disarm。

纳什基于词形的分类法跟奥尔特加的词形分类法大致相似。此外，纳什还提及了同源词缀概念。在同源词研究中，词缀也是一个非常重要的研究对象。冈萨罗·佩雷斯（Gonzalo Pérez，2016）西班牙语中的词缀一般来自古拉丁语或古希腊语，前后缀作为词汇派生的一种方式，能产生许多派生同源词，由词缀派生产生的同源词与词汇的语法功能有着密切联系。

三、Aske 分类法

参照奥尔特加的分类法，我们可以发现，同源词的词义难以进行严格的划分，因此，在同源词的分类当中，并不存在理想的二分法，即将同源词分成绝对的纯同源词（perfect cognates）和非纯同源词（imperfect cognates）（Aske，2015：20）。因此，在诸多分类法中，具有较强操作性的分类往往仅考虑词形一个要素，若要考虑语义，就只能确定所有的同源词均处在两个极端中，一端为语义完全相同的纯同源词，另一端为语义完全不同的非同源词，或纯"假朋友"，而符合上述两个极端定义的同源词数量不多。此外，介于这个区间的，结合词汇基本含义与使用频率，对同源词是"真朋友"还是"假朋友"的判断较为主观，目前也并未有专门的判断标准。寻本溯源，由于同源词跟词源学联系密切，因此追寻同源词的发展脉络时，阿斯科命名了许多与同源词相关的概念：继承同源词（cognados patrimoniales），指的是在对比语言学视域下，古老语言中所具有的相同词源或词根的词汇；历史同源词（cognados históricos）是指拥有共同来源的词汇；实用同源词（cognados útiles）或"好朋友"（buenos amigos）指的是在语言教学中，词形、词义均十分相似的同源词；"假朋友"（falsos amigos）指的是词形相同、词义不同的同源词；"假同源词"指的是词形相似，而词义和词源不同的词汇。除此之外，阿斯科细化了来源，将英西同源词分成了 13 大类。（见表 3-1）

表 3-1　来源相同的英西同源词分类

序号	类别	例词
1	源自原始印欧语的英语词汇	pez 和 fish
2	源自公元 500 年左右拉丁语的英语词汇	queso 和 cheese
3	源自公元 500 到 1066 年间教会拉丁语的英语词汇	ángel 和 angel
4	源自同本土英语拥有同源关系的日耳曼语言的西语词汇	espía 和 spy
5	源自诺曼法语（1066—1250）的英语词汇（最终词源或许来自日耳曼语或希腊语）	puerco 和 pork
6	源自巴黎法语（1250—1360）的英语词汇	viaje 和 voyage
7	直接或间接源自阿拉伯语的西班牙语和英语词汇	cero 和 zero
8	源自书面拉丁语的西班牙语和英语词汇（最终词源或为希腊语）	admirar 和 admire
9	源自文艺复兴时期意大利语的西班牙语和英语词汇	balcón 和 balcony
10	源自现代法语的西班牙语和英语词汇	jefe 和 chef
11	源自西班牙语的英语词汇（少数）	cayo 和 key
12	源自英语的西班牙语词汇（较多）	vagón 和 wagon
13	源自新拉丁语和新希腊语的词汇，包含科技词汇和具有拉丁语及希腊语词缀的词汇	televisión 和 television

四、同源词其他分类

由于词汇来源多样，发展轨迹复杂，对其词源的研究也难以像考古学般进行同位素测定，来确定其大致年份。作为上述分类的补充，多语同源词还包含外来词、同源词缀、真假朋友等概念，下文将就这几个概念分点进行讨论。

1. 同源词缀

正如上文所述，同源词缀也是产生同源词的方式之一。同源词缀通常为来自拉丁语或希腊语词汇的词根，它们的词形和词义一般不像某些同源词一样经历了较大变化，通过例子，我们可以看到，不同西方语言中科技词汇的词缀几乎都具有相同的含义。即便如此，拥有同源词缀的词对不一定是同源词，但因包含同源词缀，所以两个词的含义具有一定的相似点，便于我们记忆，因此对词汇习得具有促进作用。

（1）西班牙语和英语的同源词缀

以西班牙语和英语为例，尽管大多数同源词缀在两种语言中拥有相同的词形和词义，然而有小部分同源词缀已经适应了各自语言的书写规范，并发生了细微变化，这一点在语言对比学习过程中需要引起注意。有些词缀在适应上述规范时变化不大，如 multi- 前缀，在西班牙语和英语中均有"大量的"之义。有些则在书写上产生了变体，如西班牙语单词 desaparecer 和英语单词 disappear 中的 des- 和 dis- 这两个均有否定含义的前缀在书写上存在差异。事实上，两者均有拉丁语来源（dis-），在中世纪英语中，des- 和 dis- 共同存在过一段时间，在之后的使用过程中，des-多被替换为了 dis-；而在西班牙语中，dis- 具有两个来源，分别为来自拉丁语的 dis-，如 distraer（分散注意力）等，以及来自希腊语的 dys-，如 dislexia（失读症）等，其中希腊语词缀在英语中则保留了相应的书写方式，如：dyslexia（失读症）；因此，我们认为 des- 在西班牙语中为一个综合性前缀，融合了拉丁语前缀 de-, ex-, dis- 和 e- 等前缀的含义，拥有"否定的""过分的""剥夺""在……之外""肯定"等含义，因此在学习过程中，对于这组同源词缀不仅要注意词形是否相同，还要注意词义是否相似。

西班牙语和英语同源词缀举例见表 3-2。

表 3-2　英西同源词缀及例词

后缀	来源	西班牙语后缀	例词	英语后缀	例词
-ālis	拉丁语	-al	accidental	-al	accitdental
-ntia	拉丁语	-ancia, -ncia	abundancia	-ance	abundance
-ans, -antis	拉丁语	-ante	abudnate	-ant	abundant
-āris	拉丁语	-ar	altar	-ar	altar
-arius	拉丁语	-ario	centenario	-ary	centenary
-bīlis	拉丁语	-ble	terrible	-ble	terrible
-ntia	拉丁语	-encia	referencia	-ence	reference
-ens, -entis	拉丁语	-ente	indecente	-ent	indecent
-ia	拉丁语	-ia	liturgia	-y	liturgy

续表

后缀	来源	西班牙语后缀	例词	英语后缀	例词
-ismós	希腊语	-ismo	positivism	-ism	positivism
-istḗs	希腊语	-ista	dualista	-ist	dualist
-īvus	拉丁语	-ivo	competitivo	-ive	competitive
-mentum	拉丁语	-mento	lament	-ment	lament
-or, -ōris	拉丁语	-or	censor	-or	censor
-ōsus	拉丁语	-oso	glamoroso	-ous	glamorous
-sis	希腊语	-sis	oasis	-sis	oasis
-tio, -ōnis	拉丁语	-ción	adicción	-tion	addiction
-tas, -ātis	拉丁语	-dad	humildad	-ty	humility

　　奥尔特加（Ortega，2007）认为经由词缀产生的同源词还包含融合词（西班牙语为 mezclas，英语为 blends）和词首缩略词（西班牙语为 inicialismos 或 alfabetismos，英语为 inicialisms 或 alpabetisms）。英语中的融合词如 brunch（为 breakfast 和 lunch 的融合），motel（为 motor 和 hotel 的融合），heliport（为 helicopter 和 airport 的融合），chunnel（为 channel 和 tunnel 的融合），infomercial（为 informative 和 commercial 的融合），smog（为 smoke 和 fog 的融合），Eurovisión（为 European 和 televisión 的融合），op-art（为 opitical 和 art 的融合），等等，其中许多词已被《西班牙皇家语言学院词典》（DRAE）收录，如 brunch、motel 和 eurovisión；英语中的词首缩略词如 BBC（英国广播公司，British Broadcasting Corporation），DJ（唱片骑师，disk jockey），USA（美利坚合众国，United States of America）。上述两种灵活的构词法也成为了产生新词的主要手段之一，有些也入选了相应国家的年度词汇，如 aporofobia（贫穷恐惧），microplasticos（微塑料）等。

　　（2）同源词缀的能产性

　　基于"共同来源、词形相似、含义相仿"这一基本同源词概念，冈萨罗·佩雷斯（Gonzalo Pérez，2016：13）从英西词汇派生角度及同源词缀的能产性出发，将同义同源词（cognados sinonímicos）细分为前缀派生同源词（cognados interlingüísticos por prefijación）、后缀派生同源词（cognados interlingüísticos por sufijación）、复合派生同源词（cognados interlingüísticos por parasíntesis），并按照派生后同源词的语法功能是否发生改变，将后缀派生同源词再分为异化同源词（derivación heterogénea）和同化同源词（derivación homogénea）。（见表3-3）

表3-3　同义同源词分类

分类		英语例词	西班牙语例词
前缀派生同源词		preindustrial	preindustrial
复合派生同源词		interdependence	interdependencia
后缀派生同源词	异化同源词	person（名词） personal（形容词	persona（名词） personal（形容词）①
	同化同源词	alcohol（名词）	alcohol（名词）
		alcoholism（名词）	alcoholismo（名词）

2. 真假朋友

从历史角度来看，随着词形或趋同或异化变换，同源词的词义也经历了较为复杂的变化，有些同源词词义几乎完全相同，在不同语言的相同语境下也具有相同的用法和含义，这给两种语言的互译带来了极大的便捷。而有些同源词的词义部分重合，需要在语言学习过程中就加以区分，在翻译时不能完全等同，往往需要按照目的语的词汇搭配习惯来选择合适译文。还有些同源词的词义仍在发生变化，如 apply 在英语中有"应用、申请"的含义，而其西班牙语同源词 aplicar 在西班牙一般只作"应用"使用。这是由于在表达"申请"的含义时，西班牙人会用 solicitar 一词，尽管如此，aplicar 在《西班牙皇家语言学院词典》（*DRAE*）中的第 7 个义项则说明了在拉丁美洲该词可表示"申请"的含义，而此前该义项并未被词典收录，并且受到英语的影响，现在在非正式场合，也有西班牙人用 aplicar 来表示"申请"的含义。根据词义异同，一般可以将同源词大致分成"真朋友"和"假朋友"两大类。

---

① 尽管两种语言中的personal还有"全体员工"等含义，该例子仅用于说明语法属性会发生改变。

（1）真朋友

"真朋友"通常是指在不同语言中词义相同的同源词。不同语言中词义完全相同的同源词占比不大，大部分"真朋友"在词义和用法上或多或少会随着所在语言环境变化而变化。上文提及的词义分类法将"真朋友"分成了同词义同源词和类语义同源词[①]，前者尽管词形不相同，但在含义上为"完全同源"；后者为两种语言中语义不同的同源词，它们的词义只有部分是重合的，如 arena 一词。（见表3-4）

表3-4　语义不同的同源词

Arena[②]	
序号	西班牙语词义	英语词义
1	沙，沙土，砂，砂砾	无
2	比赛场，竞技场，斗牛场	比赛场、竞技场、斗牛场
3	矿砂	无
4	膀胱结石	无
5	斗牛圈	无
6	无	舞台

可以看到，arena 在西班牙语和英语中词形相同，而词义却不完全相同。该词在西班牙语中的词义更丰富，而在英语中只有两个含义，其中一个含义跟西班牙语中的含义相同，为"比赛场，竞技场，斗牛场"。而在英语中，还引申出了"舞台"含义。由于部分含义相同，我们可以认为两词互为"真朋友"。

对同源词"真朋友"理解的出发点一般为词义是否重合，冈萨罗·佩雷斯（Gonzalo Pérez，2016：11）和伊斯奎尔达（Izquierda，2004）将"真朋友"称作"语间同义同源词"（cognados sinomímicos interlingüísticos，简称：CSI）：它们为两种语言中的具有相同来源的词汇单位，不论是在语义（所指）上，还是词形（能指）上都是相似的 [Unidades léxicas del mismo origen, semejantes tanto desde el punto de vista semántico (significado), como de la forma (significante) en las dos lenguas]。

---

① 也称半同源词（semi-false cognates/moiti é -faux ami）。

② 西班牙语词义参见：https://dle.rae.es/arena；英语词义参见：https://www.lexico.com/definition/arena。

（2）假朋友

一般认为，同源词"假朋友"为词形相近且词义不同的同源词（Montaño Rodríguez，2009：44）。科奥斯乐和德罗克昆格尼（Keossler & Derocquigny，1928）在 *Les faux-amis ou les trahisons du vocabulaire anglais* 一书中最早提出"假朋友"（faux amis）的概念。奥尔特加（Ortega，2007）在按词义分类中将"假朋友"（falsos amigos）称为假同源词（falsos cognados），而摩斯（Moss，1992）则早就对"假朋友"概念进一步解释，认为应当将"假朋友"（falsos amigos）和假同源区别开来。顾名思义，假同源词没有相同词源，例如英语的 pie（馅饼）和西班牙语的 pie（脚）。尽管在命名上有所偏差，实际上奥尔特加所说的"假同源词"指的是"假朋友"。综上所述，假同源词指的是不同语言中词形相近，而词义和词源均不相同的词汇。尽管在外语学习中，假同源词几乎对学习者来说没有任何辅助作用，然而，某些阴差阳错在语义上存在联系的假同源词似乎有某些地方是相通的，如英语的 much 一词和西班牙语的 mucho 一词[①]，以及英语的 have 一词和西班牙语的 haber 一词[②] 等（Aske，2015：13）。还是以上文中的 arena 一词为例，就使用频率来说，似乎西班牙语单词 arena 的第一个义项更为常见，因此，按照奥尔特加（Ortega，2007）的观点，arena 在西班牙语和英语中似乎可以被当作"假朋友"对待。然而，假如考虑个体词汇量差异及个体认知不同，我们对真假朋友的判定自然也会有所不同。综上所述，可以认为在具体使用中，真假朋友的判定具备一定的动态性和主观性。

有些来自同一词源的词汇在不同语言中会衍生出不同词义，一般来说，这是产生"假朋友"的途径。此外，有些同源词虽然会保留其最初的词义，但是在语言发展过程中又会衍生出其他的含义，从而导致同源词对中仅有个别词义是相同的，根据这种情况，还是参考上文的 arena 词

---

① 西班牙语中的 mucho（多的）源自拉丁语 multus，而英语中的 much（多）源自原始印欧语（PIE）词根 meg–。

② 西班牙语中的 haber（存在，有）源自拉丁语 habēre（有），而英语中的 have 源自 PIE 词根 kap–（抓住）。

对。阿斯科（Aske，2015）将这类词称之为"半假朋友"或"部分假朋友"
（semi-false friends 或者 partially false friends）。

常见的"假朋友"举例见表 3-5。

表 3-5　常见"假朋友"例词

西班牙语例词	英语例词
bizarro	bizarre
casual	casual
casualidad	casualty
excitar	excite
idioma	idiom
librería	library
aplicar	apply
éxito	exit

3.同源地名和同源人名

在语言的日常使用中，最常见的同源词当属人名和地名，以及与地
名关联的区域居民称谓词（gentilicio）。冈萨罗·佩雷斯（Gonzalo Pérez，
2016）将常见的人名、地名同源词进行了详细罗列，部分例子见表 3-6。

表 3-6　常见人民、地名同源词

西班牙语例词	英语例词
人名	
Jorge（豪尔赫）	George（乔治）
Tomás（托马斯）	Thomas（托马斯）
Platón（柏拉图）	Plato（柏拉图）
地名	
Francia	France
Italia	Italy
Roma	Rome
Europa	Europe
Londres	London

西班牙语例词	英语例词
区域居民称谓词	
Bulgarian	búlgaro/a
Indian	indio/a
Meixcan	mexicano/a

　　根据阿斯科（Aske，2015）的研究，西班牙语和英语具有同源人名的主要原因有二：一是许多天主教国家都参照圣经来取名，如 Moisés（摩西）和 Mose（摩西），María（玛利亚）和 Mary（玛丽）等[①]；二是英语作为日耳曼语族的一支，拥有许多日耳曼语的人名，而西班牙语中的日耳曼语痕迹来自西哥特人的遗留，如 Guillermo（吉列尔莫）和 William（威廉），Alberto（阿尔贝托）和 Albert（艾伯特）等。

4. 其他同源词

　　同源词的其他分类也叫作综合分类，包括根据同源词缀演变而来的同源词家族（familias de cognados verdaderos）分类（Ortega，2007：19）。家族性同源词主要指的是那些基于某个同源词根而派生出来的所有词汇，例如基于拉丁词 sciento（词根为 sci-，义为"知识"）派生出来的词汇见表 3-7。

表 3-7　家族性同源词

含义	西班牙语	英语
科学	ciencia	science
有学识的	científico	sciential
科学家	científico	scientist
科学主义的	científico	scientistic
科学主义	cientifismo	scientism
科学的	científico	scientific
科学地	científicamente	scientifically
科学论	cienciología	scientology
科幻	ciencia ficción	sci-fi

[①]　在西班牙，每个日期都有相对应的教名，因此部分西班牙人会根据出生日期所对应的教名来命名自己的孩子。

根据奥尔特加（Ortega，2007）的统计，家族性同源词在受过教育的双语者的主动词汇量中占比高达三分之一甚至二分之一，初步估计在10000～15000个词，倘若算上他们的被动词汇量（例如科技词汇等），该比重还会增加。

从日常使用便捷性角度出发，许多词汇会进行缩写，例如西班牙语bicicleta（自行车）在日常使用中一般缩略成bici。以上述规则变化而来的缩写形式也存在许多同源词，英语中一般称这种现象为clippinp截断，比如fraternity（兄弟情谊）缩写成frat，saxophone（萨克斯管）缩写成sax，narcotics agent（缉毒警察）缩写成narc等。在双语中，通过缩写而来的词汇也存在同源现象。（见表3-8）

表3-8　缩写同源词

缩写词（词义）	西班牙语原词	英语原词
Auto（汽车）	automóvil	automobile
coca（可卡因）	cocaína	cocaine
fan（~迷）	fanático	fanatic
gas（汽油）	gasolina	gasoline
memo（备忘录）	memorándum	memorandum
foto（照片）	fotografía	photography
pop（流行的）	popular	popular

第四章　同源词和其他词类的关系

蒙塔约·罗德里格斯（Montaño Rodríguez，2009）对加利福尼亚自治大学（UABC）外语教师[①]进行了一次问卷调查，结果发现，34%的老师不清楚同源词的概念或对此感到模糊。针对"假朋友"的概念，20%的教师回答错误，4%的教师回答不完整，5%的教师回答不出。由此我们可以发现，母语为字母文字的第二语言教授者对两种语言同源词汇的认识还比较欠缺。然而，词汇教学在第二语言教学中的重要性要求第二语言教师熟悉所授语言的词根、词缀、词汇派生、词汇正字法、词义辨别、同义词、反义词、同源词、同音异义词等概念，并在教学中灵活运用。蒙塔约·罗德里格斯（Montaño Rodríguez，2009）在另一份问卷调查报告中也指出，超过90%的第二语言教师肯定了同源词在教学过程中的必要性，这也符合诸多同源词研究者的观点。由此观之，不论是外语教师还是外语研究者都相当重视同源词在外语教学研究中的研究与应用。因此，本章将对比分析同源词与其他词类的关系，以方便教学科研人员更好地明确相关词类概念并能够在词汇教学中更好地应用，也能在词汇相关研究过程中选取更符合不同的研究目的的词汇。

一、词汇的微结构

西班牙语词汇中基于语法属性的分类通常能通过正字法规范来区分，而本章主要讨论词汇基于词义的分类。从对词的传统分类来看，词义研究的最小单位为"义素"（西班牙语为 sema，英语为 seme），义素的集合为"义位"（西班牙语为 semema，英语为 sememe），一个义位通常决定了

---

① 主要从事第二语言教学：法语、德语、英语等。

这个词的词义，基于上述两个概念及其二分法（是否含有某个义素），可以将具有相同义素、相似词义的词汇归到一个语义场中去（西班牙语为campo semántico，英语为semantic fields），由于语义不仅限于词汇义，因此，德·拉腊（de Lara，2006）定义了词汇场（campo léxico）或词汇的微结构（microestructura léxica）以区别于语义场。词汇的微结构并非绝对的，而是会根据上下文及分析者的认知和感受发生变化，因此是动态的、可更新的。在此基础上，本章将继续讨论同源词与其他词类的异同。

二、同源词和近源词

《西班牙皇家语言学院词典》（DRAE）对近源词（parónimo）的定义如下：

parónimo, ma

Del gr. παρώνυμος, parónymos.

(adj.) Ling. Dicho de una palabra: Que tiene con otra una relación o semejanza, sea por su etimología o solamente por su forma o sonido, como vendado y vendido. U. t. c. s. m.

英语中的paronymy一词诞生于19世纪中期，源自希腊语形容词παρώνυμος（Aske，2015：21）。根据《西班牙皇家语言学院词典》（DRAE）的定义，西班牙语parónimo, ma同样源自希腊语形容词παρώνυμος，因此与英语的paronymy为同源词，parónimo一词指的是某个词在词源、词形或词音上与另一个词相关或相似，这两个词就被称为近源词，如上文提及的vendado（系上绷带的）和vendido（已出售的），它们为词形、词音相似的近源词，且为同族近源词。

根据上文定义，词源相近还是相同为同源词和近源词的主要区别之一，例如西班牙语单词aborto和英语单词abortion，前者来自拉丁语abortus，后者来自拉丁语abortionem。尽管两者词形相近，词性与词义相同，然而，它们并不能被认为是同源词，而是不同语言之间的近源词（异族近源词）。

　　在第二外语学习过程中，我们碰到的许多词性、词义相同的同根词实际上并非严格意义上的同源词，而是近源词。然而，它们在大多情况下可以互译，如西班牙语的 descubrimiento 和英语的 discovery。

三、同源词和双式词

　　在本书第二章，我们提及跟同源概念具有密切联系的一类词，即本族同源词（或同族同源词）（西班牙语为 dobletes cognados，英语为 cognate doublets）。本族同源词为一种语言内部的同源双胞胎词汇。是否属于同一种语言为同源词和本族同源词最本质的区别。以西班牙语为例，继承词汇和书翰词汇的存在导致了本族同源词的形成。在英语中，本族同源词来源于看似不同、实则相同的同一词源，这是由于许多拉丁语借词的最终源头指向了原始印欧语，而另有一些途经日耳曼语演变而来的词汇也源自同一原始印欧语词源，它们顺着各自的路径发展，导致两者词形发生了巨大的差异，如 cow 和 beef 即为一组本族同源词，均来自原始印欧语 gwous-。可与该过程进行类比的还包含共同拥有拉丁词源的词汇发展路径，如 sure 和 secure，均来自拉丁语 securus（安全的，无需照顾的），两者分别经由诺曼法语和巴黎法语的发展而后形成。

　　在语言学领域，《西班牙皇家语言学院词典》（*DRAE*）将 doblete 一词定义为：

　　(m.) Ling. Pareja de palabras con un mismo origen etimológico, pero con distinta evolución fonética; p. ej., cátedra y cadera, del latín cathedra.

　　［阳性名词，语言学领域中为一对拥有共同词源的单词，它们词音经历了不同的发展路径，例如 cátedra（讲坛）和 cadera（跨），两词均来源于拉丁语 cathedra。］

　　有些学者认为 doblete 一词还可以表达其他词类（Aske，2015：34），不考虑其词源是否相同。为了细化并更明确不同概念之间的区别，本书取西班牙语 doblete 及英语 doublet 更为直接的译法：双式词。

阿斯科（Aske，2015）指出，语言学中的同义双式词（英语为 semantic doublets）指的是非同源且相互联系的词汇，如西班牙语 castillo（城堡）和 alcázar（城堡）两词，它们词义相同，词源、词形、词音均不相同，前者来自拉丁语 castellum，后者来自阿拉伯语 alqáṣr[①]，尽管具有相同的含义，却不能将它们简单归为"同义词"。

近源双式词（paronymous doublets）指的是最终词源相近的词，尽管发展路径不同，但仍具有相互联系，如西班牙语的 leche（牛奶）和 lácteo（奶制品的），leche 为继承词汇，词源为通俗拉丁语名词 lacte，而 lácteo 为书翰词汇，词源为 lacteum，为拉丁语名词 lacte 的形容词。在近源双式词中，继承词汇的词源往往为名词，而书翰词汇的词源往往为名词的派生词。由于词源相近且一般存在派生关系，因此近源双式词也可被称为类双式词（quasi-doublets）。

四、同源词和同义词

索绪尔基于二分法指出，同义词可以解释为一个所指对应多个能指，那么能指就互为同义词。上述表述一般指的是同一种语言内部的情况，然而在不考虑词源的情况下，这种归类似乎也包含双式词，甚至在两种或多种语言之间，同源词也属于同义词范畴，且为语间同义词。而从词汇微结构的角度来看，同义词则指的是在共有义位中拥有相同义素的具有同一语法功能的词（Regueiro Rodríguez，2010：30；2015）。由此观之，基于不同的标准，对同义词的概念具有不同的阐述。

而在考虑词源的情况下，同义词则指的是为了在不同语言中表述同一事物而产生的词汇，比如西班牙语词 aceituna（油橄榄）最终来源于阿拉米语 zaytā，而它的同义词 oliva（油橄榄）最终来源于拉丁语 olīva，两者同义不同源；然而，西班牙语词 aceite（油）和 aceituna 的词源相同，为本族同源词，即双式词，两者词义并不相同，为同源不同义；而英语的 olive（橄榄）与西班牙语的 oliva 享有共同词源，因此为同源词，两者同

---

① 最终可追溯到拉丁语 castra。

源又同义。根据冈萨罗·佩雷斯（Gonzalo Pérez，2016）的表述，多语同源词也属于语间同义的范畴，因此，英语单词 olive 的西班牙语同义词既可以是 aceituna，又可以是 oliva。

综上所述，不同维度的相互联系和考虑产生了同源词、同义词、双式词的概念。

五、同源词和同音异义词

不论是西班牙语、英语或者汉语，都存在同音异义词（西班牙语为 homonimia）。同音异义词一般可以分为同音词（homófono）和同形词（homógrafo）。前者指的两个词具有相同的发音，然而词形和含义都不相同，如西班牙语词对 bota（靴子）和 vota[①]（他投票）；后者指两个词具有相同的词形，而含义不同，如西班牙语词对 vino[②]（他来了）和 vino（葡萄酒）。一般认为，同音异义词为同一语言内的词汇现象，而事实上，多语间也有同音异义现象，由于不同语言的发音系统差异较大，多语间的同形词现象更为普遍，即为上文提及的语间同形词，如西班牙语的 mayor（更大的）和英语的 mayor（市长）。

六、同源词和外来词

西班牙语词汇中绝大多数来自外来词（41%），而使用频率最高的词汇（81%）为继承词汇。严格地说，继承词汇也是外来词，其中 95% 的继承词汇来自拉丁语、希腊语和阿拉伯语（马联昌、周为民，2012）。根据福里亚斯等（Furiassi et al., 2012）的分类，外来词具有以下的引入方式。（图 4-1）

---

① 原型动词 votar（投票）的陈述式一般现在时第三人称单数变位。
② 原型动词 venir（来）的简单过去时第三人称单数变位。

TYPES OF LEXICAL BORROWINGS

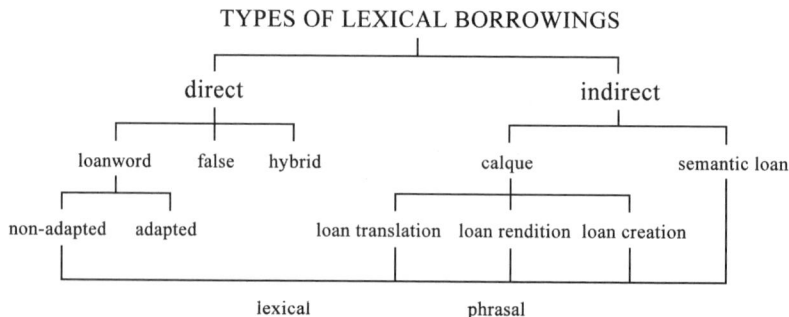

图 4-1　外来词的分类方式（Furiassi et al.，2012）

　　外来词分为直接引入和间接引入。直接引入往往采用原词或者按照西班牙语正字法规则做些修改，包含借词、错误借词，以及混合借词。其中借词分为无改写借词和改写借词，顾名思义，无改写借词为原封不动地将外来词引入目的语，以西班牙语中的英语借词为例，fitness（健康）为无改写借词。一般来说，无改写借词词义不变，然而读音往往会按照目的语的读音规范进行改变；改写借词指的是按照西班牙语的正字法规则及书写习惯进行改变的借入词，如英语 football（足球）到了西班牙语中变成了 fútbol，而读音却非常相似。错误借词往往是借词在目的语中的含义发生了变化，尽管词形和词音跟借出语很相近，如西班牙语 míster 借自英语 mister（先生），然而它的含义却演变为了选美比赛中胜出的"世界先生"。混合借词指的是一个词组，其中既有无改写借词，又有其他形式的借词，如西班牙语词组 hocky sobre hielo（冰球）中的 hocky 为无改写借词，sobre hielo 的含义之一为"冰面上"，也是西班牙语对英语冰球（ice hocky）中 ice（冰）的解释。间接引入可以分为转借词和借义词，其中借义词并非创造词汇，而是原本就存在于目的语中的词汇，其含义之一为借出词的某项含义，如西班牙语词 ratón（老鼠），其"鼠标"的含义借自英语 mouse 的"鼠标"义；转借词一般是翻译过来的复合词，可以分为以下三种：一种为直译词，如西班牙语词 rascacielos（摩天大楼）直译自英语词 skyscraper（摩天大楼），其中 rasca- 取自 rascar（摩擦），cielo 为

"天空"；第二种为复合译词，如西班牙语词 guardaespaldas（保镖），其中 guarda- 取自 guardar（保卫），是英语 guard 的同源词，为直译，espalda（后背）为自由译法；第三种为自由译法转借词，如西班牙语词 contraseña（密码），跟英语借出词 password（密码）没有直接联系。

同源词"假朋友"和借义词有着密切联系（Aske，2015：227）。以上文提到的西班牙语词 aplicar（应用）为例，其英语同源词为 apply（申请）。Aplicar 多个义项中新增加的"申请"义即为从 apply 中的借义。

通过上述分析，我们可以发现同源词和外来词最主要的区别为词源到目的词的变化途经，外来词基本上为单一的跨语言发展路径：从一个词源出发，先在一种语言中形成固定词汇，然后从该固定词汇出发，在另一种语言中又形成固定词汇，而同源词则经历了两种甚至多种发展路径：从一个词源出发，分别在不同语言中产生了固定词汇。

PART
2

第二部分

**跨语言影响视域下的
同源词研究**

史密斯和凯勒曼（Smith & Kellerman，1986）提出的"跨语言影响"（crosslinguistic influence）一词起源于 20 世纪 80 年代，是一个中性的理论概念，可以包括语言的"迁移""干扰""回避""借用"，以及与二语相关的语言缺失等现象，还包含讨论上述现象之间的异同点。由于语言间不仅仅存在正影响和逆影响，此外，诸如"迁移""干扰""语言丧失"等概念无法完全表述及统筹语言间的复杂关系，因此，创造者认为该词可被用作总领语言间关系的框架性词汇。事实也证明确实如此，语言间的研究无法绕开跨语言影响这一概念，然而过于宏观和中性则导致了该概念无法被很好地定义，与其说这是个概念，不如说这是一个现象。

值得一提的是，赫迪纳和耶斯纳（Herdina & Jessner，2000）在《三语习得的动态系统》一文中以生物生长研究为基础，提出了多语发展的五个典型特征：①非线性（non-linearity）；②学习者的差异（learner variation）；③维持性（maintenance）、可逆性（reversibility）和稳定性（stability）；④相互依存性（interdependence）；⑤质变性（change of quality）（李增垠，2016），能给跨语言影响概念和多语习得研究的联动提供理论支持。基于上述背景，本书第二部分主要聚焦三语习得中的同源词研究。一般认为，从 20 世纪 80 年代开始，三语习得受到了各领域研究者的关注。三语习得（TLA）脱胎于二语习得（SLA），经过了 20 多年的发展，已经成为新的研究课题（曾丽、李力，2010；Hammarberg，1998；Cenoz，2001；De Angelis，2007；Bardel and Falk，2012）；具有心理学背景的跨语言影响（CLI）（Sharwood & Kellerman，1986）在三语习得研究中取得了丰硕的成果（刘宪、蒲志鸿，2017），主要体现在语言心理类型相似性（psychotypology）、二语地位（L2 status）、语言新近（recency）

和语言水平（proficiency）四个方面（Cenoz, Hufesein, & Jessner, 2001），并将其融入了形式语言学（Rothman, 2010）、心理语言学（Cenoz, 2001）、社会语言学（Bhatia & Ritchie, 2013）、教育语言学和应用语言学（Cenoz, Hufesein & Jessner, 2001）等研究领域。三语和多语的区别在于：三语一般指的是人们除母语和第二语言之外掌握的一种或多种语言，有些地方也将三语特指第三种语言，而多语为包含三语在内的第四、第五甚至更多的语言，并且从心理语言学的角度来看，三语学习者是有经验的语言学习者，其语言能力不但有别于单语者，而且有别于二语学习者。为了更加明确本书讨论的对象（母语为汉语、二语为英语或西班牙语、三语为西班牙语或英语），书中涉及第四甚至更多语种的地方将称其为"多语"。二语习得本身是一个复杂的体系，二语与母语习得的顺序可以是母语在前，也可以是同时进行，三语的加入使得上述体系变得更为复杂。赛诺斯（Cenoz, 2000）在表格中指出了二语和三语习得的路径差异，其中 Lx/Ly 表示习得同时进行。她认为二语习得和三语或多语习得的区别主要有：①各语言的习得顺序；②社会语言学因素；③相关的心理语言学过程。（Cenoz, 2000）在此基础上，李增垠（2016）将三语习得和二语习得的差异总结为七个方面：习得路径的多样性（Cenoz,2000：40）、语言能力发展的非线性（Herdina & Jessner, 2000：85）、语言系统的逆损性、习得者认知的优势性、多语间的相互依存性、语际迁移的多重性及影响因素的复杂性。从语言水平上来说，只有当二语达到一定熟练程度后，二语对三语习得才有影响，因为有研究结果显示，偏低的二语水平会掩盖语言间的干扰作用，跨语言影响就会变得非常微弱。

二语习得	三语习得
1.L1 → L2	1.L1 → L2 → L3
2.Lx/Ly	2.L1 → Lx/Ly
	3.Lx/Ly → L3
	4.Lx/Lx/Lz
	5.L1 → L2 → L3 → L4
	6.L1 → L2/Ly → L4
	……

从世界范围来看，二语习得研究兴起于 20 世纪 60 年代末 70 年代初，其标志为中介语理论的提出；我国的二语习得研究尽管起步较晚，直到 20 世纪 80 年

代才开始对国外研究做引入和评述（杨连瑞、尹洪山，2005），然而迄今为止也有40多年的历史了。在三语习得研究方面，1987年，林邦（Ringbom，1987）《第一语言在外语学习中的作用》一书的出版标志着三语习得研究的正式开始，并于20世纪90年代末至21世纪初达到研究高峰期（韩曙花、刘永兵，2012）。根据侧重点不同，国内三语习得研究通常可分为少数民族的英语习得研究和汉语母语者的第二外语习得相关研究。在国外三语研究开始成为全新的研究之前，国内的第二外语习得研究仍然依附于二语得研究，并未正式从二语习得研究中脱颖而出，不论是在理论研究还是实证研究方面，国内最初关于三语习得研究成果的主要对象来自少数民族。随着三语习得不断发展，目前外语研究相关的实证研究的研究对象同样以学习第二门外语的学生为主，并以心理语言学理论为指导而展开（刘宪、蒲志鸿，2017）。此外，汉语作为第二外语的习得研究也开始渐渐受到关注。

在三语习得领域中，欧美研究者研究对象的母语和二语一般为西方语言，甚至三种语言均为西方语言，彼此间语言距离近，情况复杂，跟本书所探讨的三语情况有所不同。我们可以大致将多外语习得情况分为以下四种，对这四种情况的对比也是本书第二部分中的要点，并以同源词研究为切入点进行分析：（1）L1、L2和L3语言距离两两相近，例如英语、法语、西班牙语；（2）L1和L2相近，但均和L3相距较远，例如英语、西班牙语、汉语；（3）L2和L3相近，但均和L1相距较远，例如汉语、英语、西班牙语；（4）L1和L3相近，但均和L2相距较远，例如西班牙语、巴斯克语、英语。与此同时，本书第二部分将延续三语习得研究方法来研究三语为第二外语习得者的同源词习得情况，主要针对上述分类中的第三类进行分析。

第五章　跨语言影响视域下的词汇研究

一般认为，人们在第二语言学习时会倾向于应用母语的知识，这种情况被认为是来自母语的"干涉"（interferencia），蒙塔约·罗德里格斯（Montaño Rodríguez，2009）指出，有研究表明跨语言相似点造成的干涉较不同点更大。随着"中介语"概念的提出，这种干涉效应有了研究的落脚点。早期在词汇习得研究层面，对图片以同韵词汇的命名与阅读研究发现（Montaño Rodríguez，2009：79），母语儿童较二语儿童具有更高的准确率与更好的测试结果，说明母语词汇对二语词汇产生了抑制影响，而在更早的二语研究中，学者们对于二语对学习者的语言能力与智力发展究竟具有积极还是消极的作用莫衷一是。然而，从 20 世纪 60 年代起，不断有研究证明了二语不论对学习者语言智力、概念构建的培养，还是对其大脑中思维与符号的可塑性提升来说，均有促进作用。即便如此，在跨语言词汇研究中还是能发现语间词汇在词汇三要素之间存在相互影响，本章将结合二语词汇习得研究，阐述同源词在二语研究中的研究方法，以及会表现出哪种效应。

一、二语习得词汇研究

20 多年前，二语习得研究中的词汇研究成为了二语习得研究领域里的热点，在我国，则可以追溯到 20 世纪 90 年代中期（李庆燊，2007）。王立非、江进林（2012）分析了国际二语习得 2000—2009 年间的重要研究后发现，词汇习得研究为研究最多的领域，且一直都是研究热点之一，同样证明了词汇学习是语言学习的基础和关键。他们的研究指出，词汇习得研究包括词汇学习、词汇习得、词汇知识和词汇项等，具体研究对象为心理词汇和运动动词、词汇附带习得和任务诱导型投入、词族和词义推断、词块和短语动词、词汇频率、词汇识别、词族数量、语块强度、名词短语和短语动词、单词认读和词义推断、接受性和产出性词汇、词块和词汇量等。

一般认为，二语习得研究中的词汇研究通常采用实证研究法，可分为定性研究和定量研究。定性研究也称质化研究，一般基于研究人员的经验、研究敏感度等对一群研究对象进行访谈、观察等，不具有统计学意义；定量研究一般也称量化研究，一般采用调查法、相关法、实验法对研究及相关数据进行分析，具有统计学意义；两种实证研究法既可独立进行，也可结合进行。

随着研究热点的变化和发展，二语习得研究中的词汇习得研究也逐渐形成了跨领域跨学科的研究方法：以实证研究为范式，结合语料库、心理语言学、统计学、认知神经科学等领域的研究方法和技术，呈现出了多学科、多维度、多切面的研究视角，这也符合前言里提到的词汇学发展的一个多维性特点。

随着认知神经科学技术在二语习得研究领域的应用，二语词汇习得研究逐步转向词汇的心理加工过程与机制（周琼、张再红，2016）。它们离不开语言加工的通用模型，主要为语言模型假设和抑制控制模型，二语词汇习得相关模型一般指的是词汇通达（lexical access）[①]模型，可分为词汇加工模型和词汇表征模型。前者包括动态系统理论、竞争模型、陈述性/程序性记忆模型；后者包括话语词汇理解交互网络模型（BLINCS）、双语词汇提取交互模型（BIMOLA）、双语激活交互模型（BIA，BIA+）和语言特异性词汇提取假设模型等（Tokowicz，2015），部分模型和研究范式也应用到了同源词研究分析过程中。

1. 双语互动激活模型

双语互动激活模型（Bilingual Interactive Activation Model，简称 BIA）

---

① 也有学者称之为"词汇存取"。

解释了双语者识别提取语言的过程。该模型基于实证研究，由戴克斯特拉（Dijkstra）和范·赫芬（Van Heuven）于 1998 年提出。BIA 模型为一个双语正字法识别模型，支持非语言选择的整合词汇通达（Dijkstra & van Heuven，2002；Li & Gollan，2021）（与其对立的假设为独立心理词库中的语言选择通达），不同语言通过整合的心理词库（mental lexicon）来达成词汇通达，BIA 模型能通过邻居词（neighbors）正字法效应研究、通过双语掩蔽启动实验并对此进行模拟等佐证上述结论。然而也有些实证研究结果无法通过 BIA 模型来模拟，比如该模型无法模拟词汇的语音和语义表征，无法完全解释语间同形异义词和同源词表征等。

　　BIA+ 模型为 BIA 模型的修正版，它囊括了 BIA 模型对词汇正字法的表征，再次指出所有语言中，一个双语者的词汇储存在单个、整合的心理词库之中，对该词库单词的提取具有非语言选择性（Dijkstra & van Heuven，2002；Poort & Rodd，2017)。BIA 模型和 BIA+ 模型均为双语词汇识别的模型，后者用来解释双语正字法（词形）、词音和词义层面的表征在词汇提取过程中的互动关系（张群星、董燕萍，2012）。BIA+ 模型指出了在单一正字法（词形）词库中有双语词汇共享的联节（node），它们通过相互竞争来被提取（Dijkstra & van Heuven，2002；Schröter & Schroeder，2016）。双语环境下，一个单词的视觉呈现往往同语音表征相关联，两者的激活同样会激活语义表征和语言联节（node），激活的过程会在系统中产生反馈，双语同源词促进效应（cognate facilitation effect）[①]就包含从语义系统到正字法系统的反馈（Lemhöfer & Dijkstra，2004），因此，我们可以认为双语同源词具有两个正字法，却只有一个语义表征（semantic representation），而词形、词音、词义的激活通过反馈机制又能增强同源词的激活。相较非同源词，同源词的反应能更快到达临界点（threshold），相对而言，"假朋友"就有两种语义表征，被识别起来就更

---

① 同源词在二语习得研究中的相关概念包括同源词促进效应、同源词抑制效应，以及同源词意识（cognate awareness）等。同源词意识是一种感受或知识，能帮助个体识别一种语言中的生疏词与另一种语言中的熟悉词（同源词）之间的关系，从而理解生疏词的含义。

困难。

BIA+ 模型能给二语词汇判断实验中的同源词促进效应提供一定的解释力。一个同源词在两种语言的阅读过程（reading）中均能被激活，因此受试者对同源词比对控制组词汇的反应更快，熟练度高的一语表征能影响到熟练度低的二语表征，这种情况下可以观察到同源词促进效应：在熟练度低的二语学习者中，同源词在阅读过程中的激活较慢；而随着二语熟练度的增加，同源词效应就能被观察到了（Brenders, van Hell & Dijkstra, 2011）。在同源词和"假朋友"的对照实验当中，二语初学者（熟练度低）对同源词的激活无法到达语义层面，因此，不论同源词还是"假朋友"都会对其造成困扰，从而影响其判断速度和正确率，对于二语精通（熟练度高）的学习者来说，对同源词语义层面的第二次激活能加速同源词的识别；而对于"假朋友"来说，语义层面对同一单词不同含义的选择会消耗学习者的识别时间，因此，学习者往往对"假朋友"的反应时间更为缓慢。

2. 修正层级模型

修正层级模型（Revised Hierarchical Model）简称 RHM，最早由克罗尔（Kroll）和斯图尔特（Stewart）于 1994 年提出（Kroll & Stewart, 1994）。该模型基于单词关联假说和概念中介假说，阐述了双语者的二语词汇概念表征模式随二语水平提高而动态发展的过程；该模型认为低水平学习者主要通过一语翻译来通达二语词汇的概念信息，而高水平学习者则可以从二语词汇直接通达概念系统（Kroll & Stewart, 1994；吴诗玉等, 2017；胡青青、吴诗玉, 2018）。（图 5-1）

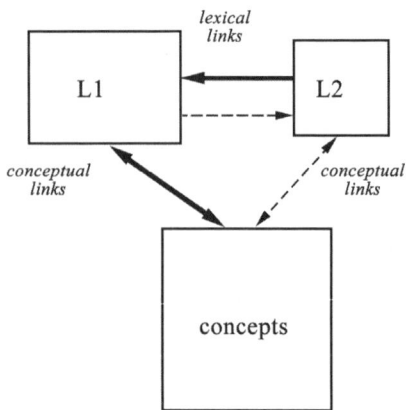

图 5-1　修正层级模型（Kroll & Stewart，1994）

　　由上图可知，修正层级模型的基础是一个层级架构，在非平衡双语者中，母语到双语概念要强于二语，因此在二语学习的初级阶段，学习者通过母语来通达二语单词概念系统，此时，学习者的二语词汇系统和概念系统之间的直接关联非常弱（如虚线所示），几乎完全依赖二语与母语之间的词汇连接来通达二语单词的语义（从右到左的实线）。这也就意味着，在这个阶段，学习者的表现更多地受词形而不是语义相关变量的影响。随着学习者二语熟练程度增加、水平变得更高，二语单词与概念之间的直接关联会得到发展和加强。此时，他们可能直接以概念为中介，通达二语单词，也就意味着他们的表现会明显地受语义相关变量的影响。但两门语言之间词汇层次的关联仍会保留，并不会随着语言水平的提高而消失。由于母语单词总是具有通达概念的优先权，因此对大部分学习者来说，母语单词与概念之间的关联将会比二语单词与概念之间的关联更强。二语到母语的词汇关联强于母语到二语的关联则是因为：相较于母语，二语到母语的关联更早产生。

　　上述模型可以解释非平衡双语者母语和二语之间的翻译情况，在双语互译过程中，如母语译到二语时，译者更能受到来自母语的语义和概念关联的影响；而在二语到母语的翻译过程中，译者所受的二语语义和概念的关联性影响相对独立，这似乎也能说明为何二语到母语的翻译比母语到二语的翻译更为简单。在母语和二语同源词翻译方面，二语同源词比非同源词的翻译时长更短（Kroll & Stewart，1994）。

根据康梅萨尼亚（Comesaña et al.，2012）的阐述，在词汇研究中，RHM 模型的解释力往往体现在词汇翻译上，并且伴随语义干扰效应（semantic interference effect）。模型解释了在二语词汇到一语词汇的翻译中，二语初学者拥有较弱的二语词汇到概念系统的联结（connection），因此，二语到一语的翻译过程往往需要一语词汇的介入。与此同时，二语初学者较熟练度高的二语学习者在翻译过程中较少依赖所储存的概念信息特征和属性。该效应指的是对二语词汇翻译时，相比与一语词汇不相关的二语词汇，熟练度高的二语者往往拒绝接纳（rejecting）跟一语词汇语义相关的二语词汇，因此往往在这些词汇的加工中速度更慢、错误率更高。然而，二语初学者由于对语义处理不够敏感，因此并未显示出上述效应。即便如此，也有研究者得出了截然相反的结论（Comesaña et al.，2012；Temnikova & Nagel，2015）。

根据 RHM 模型，同源词的学习有助于加强二语和一语的词汇联结（connection）。在同源词和"假朋友"搭配的二语词汇判断研究中，二语熟练度低的学习者主要关注词形表征，而非词义表征，因此当词汇在两种语言中被阅读时，学习者会产生极大的困扰。然而，二语熟练度高的学习者能同时处理词形表征和词义表征，因此能更快地做出反应（Brenders，van Hell & Dijkstra，2011）。

3. 分布特征模型

分布特征模型（Distributed Feature Model）简称 DFM，最早由 de Groot 于 1992 年提出。模型阐述了针对不同词类的不同处理方式（de Groot，1992；van Hell & de Groot，1998；Basnight-Brown，2014），简单概括来说，即反映了词类的具象度和抽象度同语义的关系。根据德·格鲁特（de Groot）所言，在双语互译过程中，具象词汇和抽象词汇的语义重

叠度是不同的：在双语中，具象词汇较抽象词汇拥有更多共享的"概念联节"（conceptual node）。（图 5-2）

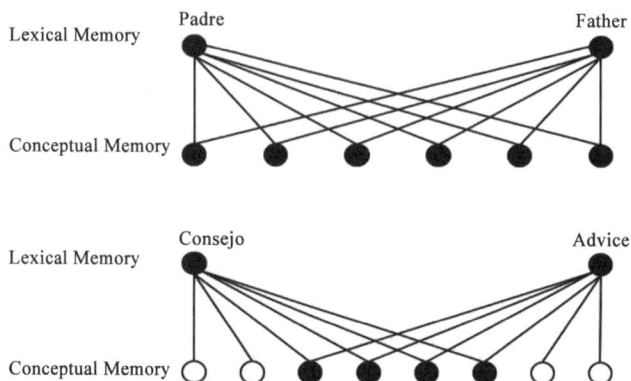

图 5-2　分布特征模型（de Groot，1992）

"父亲"一词在西班牙语中为 padre，在英语中为 father，为具象词；而"建议"在西班牙语中为 consejo，在英语中为 advice，为抽象词。如上图所示，在词汇通达的检索过程（retrieval process）中，语义重叠的程度对词汇的扩散激活（spreading activation）能产生直接的影响。如此说来，共享的"概念联节"越多，激活程度越高。

桑切斯·卡萨斯（Sánchez-Casas，1992）等通过对比同源词和非同源词的启动实验指出语义重叠对非同源词识别有影响，而对同源词识别没有影响。

4. 含义模型

含义模型（sense model）是针对词汇含义的由芬克拜纳等（Finkebeiner et al，2004）于 2004 年提出的，主要研究二语词汇的一词多义现象，其内核同 DFM 模型具有相似之处（Basnight-Brown，2014）。

在特定语境中，由于存在一词多义现象，人们通过对源语中最常用的词进行翻译而获得的译词未必是目的语中最常用的，倘若该词是同源词，有时也是如此：在英语例句 Use the tent when you get tired 中，tent 为"帐篷"

的意思，其对应的西班牙语同源词为 tienda，因此，这句话的译法应当为 Usa la tienda cuando estás cansada[①]，而 tienda 在西班牙语中的常用义为"商店"。同理，在非同源词情况下，上述情况一般出现在常用译词对中，例如在含义模型所举的例子中："黑色"英语为 black，日语为 kuroi，两者在各自语言中均为多义词，由于"黑色"为其基本义，可以进行互译，而其他情况下则无法互译，kuroi 的引申义还包含"肮脏"和"邪恶"等，而 black 含义也很丰富，包含"（咖啡）不加牛奶或奶油的""糟糕的""郁闷的"等。上述两词的语义部分重叠，如图 5-3 所示。

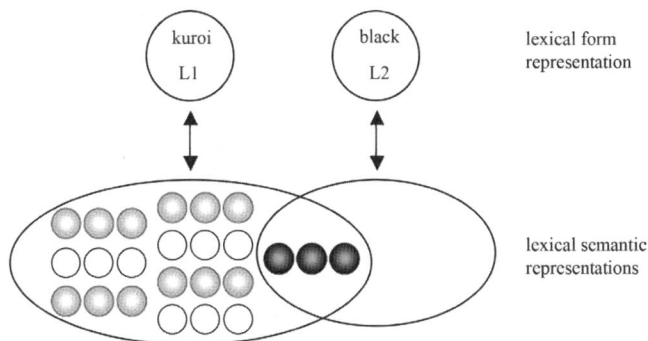

图 5-3　含义模型（Finkbeiner et al.，2004）

上图中，kuroi 与 black 共享的黑色圆圈即为共同的语义含义，灰色和白色的圆圈及留白反映了二者在各自语言中的特定含义。

除此之外，芬克拜纳（Finkbeiner）等人的研究还指出，含义模型还讨论了个体的语言熟练度（proficiency）情况，它能反映出随着语言熟练度的增加，在跨语言翻译词对中的表征不对称是如何形成的。

二、三语习得词汇研究

三语习得能够在自然与正式的环境下发生，这些特定情况的数量在

———————

① 西班牙语中 "帐篷" 的全称为tienda de campaña，在上述语境抑或是这句话发生的场景中可以省略de cam-paña。

很大程度上取决于语言类型、水平、方式、年龄及新近程度（Cenoz，2001；李静文，2018）。在跨语言影响视域下，三语或多语习得在学习语言的过程中会受到来自其他语言学习经验的影响，非母语对目的语的影响有以下几种：语言距离（或语言类型距离）、目的语和源语水平、新近使用程度、在非母语环境中的接触与居住时长、习得顺序及言语场合的正式程度等。

下文将围绕词汇研究分析跨语言影响的几个方面，它们之间存在相互联系，而迁移现象一直出现在跨语言影响的研究中，并且每个研究几乎都不得不提到语言迁移，并且作为理论，它经历了一系列的发展。

1. 语言类型距离

语言类型距离一般分为语言距离和心理语言距离。

语言距离又称为语际距离，是一种客观的语言距离。客观距离指的是通过语言学研究手段对两种或多种语言的谱系、句法、形态、音位等元素进行比较，确定它们之间的实际相近程度（李增垠，2016）。根据语言谱系的不同，不同语言在语音、词汇、句法等层面相似度存在不同差异，例如，在词形上，拥有词素音节文字的汉语和拥有表音文字的英语和西班牙语之间的客观距离显然比英语和西班牙语之间的客观距离大。

心理语言距离为凯勒曼（Kellerman）于 1983 年提出的概念，指的是学习者认为语言之间存在的距离，即学习者自身对这些语言之间的感知（李静文，2018），是一种主观的语言距离，即跨语言影响存在于学习者的主观意识和选择中。德·安吉利斯（De Angelis，2007）认为，由于多语者对语言类型距离远近的判断，三语跨语言影响的语言类型距离没有二语的那样直接，具体可以分成三种情况：①学习者拥有与目的语有关联或无关联的语言知识；②学习者拥有与目的语的语族相同而亚语族不同的语言知识；③学习者拥有与目的语语族与亚语族均相同的语言知识。第一种情况下，学习者会极大受到与目的语距离相近的语言知识的影响。跟该相近语言是否为母语无关，有时学习者也会受到与目的语距离较远的语言影响。然而这种情况比较少见，通常表现为近音词的影响，此外，该类词通常从属于一种语言类型，且学习者对包含该词的目的语表达有所了解。在第二种情况下，学习者一般表现出两种倾向，第一种倾向包含第一种情况下的现象，第二种倾向为学习者可能会同时受到超过一种语言的影响。第三种情况下，往往母语的影响不会起到决定性作用，而非母语则会成为优先对目的语产生影响的语言。

德·安吉利斯（De Angelis，2007）还提到两个概念：正确性感知（perception of correctness）与外国语聚合（association of foreignness）（李静文，2018）。前者指的是学习者在一开始学习的时候就认定在目的语学习中使用母语是错误的，从而倾向将非母语迁移到目的语中。后者指的是学习者自身对所有非母语所建立的认知关联，形成学习者认知系统中的"外语系统"。当几种有关系的语言出现在认知系统中，该认知关联会认定外语之间的关系比母语更近，而倾向于在目的语中使用非母语。

2. 迁移理论

迁移理论自诞生到由奥德林（Odlin，1989）进行总结以来，长期为跨语言影响研究中炙手可热的话题并经历了丰富的发展（Manchón Ruíz，2001）。一般来说，迁移理论的发展可以分为三个阶段：对比分析假说阶段、认知理论阶段（中介语假设）、神经生理学阶段（刘宪、蒲志鸿，2017）。就上文语言类型距离中的客观距离来看，语言形式上的共性是促进语言迁移的因素（李增垠，2016），以西班牙语词汇学习为例，合理利用英西同源词之间的正迁移可以促进两种语言词汇的学习；就主观距离来看，学习者对母语、多语之间距离的感觉将直接影响语言的学习，以母语为汉语，外语为英语、西班牙语的学习者为例，在学习外语过程中，一般认为学习者会倾向将客观距离更近的英语和西班牙语进行比较学习。

三语习得中的迁移情况分为语音音位迁移、语义词汇迁移、句法迁移、语用迁移、语篇迁移等。其中词汇迁移研究早在 20 世纪 70 年代就开始了，阿斯特丽德·斯泰耶（Astrid Stedje）是最早进行三语词汇习得研究的学者之一，她通过对母语为芬兰语、二语为瑞典语、三语为芬兰语变体的学习者进行研究，肯定了语言间迁移发生的可能性，随后，林邦（Ringbom）、赛诺斯（Cenoz）、德·安吉利斯（De Angelis）、阿马博格（Hammarberg）等人均对三语词汇迁移进行了研究，他们认为词汇迁移包括三种形式：纯语码转换（将一种语言中的词汇使用到另外一种语言中）、词汇的借用（学习者不恰当地使用背景语言或目标语中语音或拼写相似但意义完全不同的词汇）、词汇创造（在形态和音系层面上把背景语言中的词素应用到目标语中）（魏亚丽、彭金，2015）。随着跨语言影响研究中三语习得议题的深入，德·安吉利斯和塞林克（Selinker）提出"中介语迁移"（interlanguage transfer）理论，其中与词汇相关的在于该理论可再分为词汇中介语迁移（lexical interlanguage transfer）和形态中介语迁移（morphological interlanguage transfer）（刘宪、蒲志鸿，2017）[①]。前者主要指"非目的语词汇的完整使用"，后者指的是"非目的语词素和目的语词素相结合形成近似目的语词汇"的使用。

除此之外，罗斯曼（Rothman）提出了以迁移理论为基础的类型优先模型（Typological Primacy Model）（Rothman，2015；刘宪、蒲志鸿，2017），他认为迁移的发生需要依据语言认知的经济原则：当语法分析器（linguistic parser）接收到足够的目的语信息以决定一语和二语中哪个语言可能在类型上更接近时，迁移便产生了（刘宪、蒲志鸿，2017）。根据类型主导模型（TPM），一语与三语的类型相似性可以抵消二语地位因素，也就是说类型影响因素大于二语地位因素。林邦（Ringbom，2007）指出三语习得的初期，词汇的迁移大多是形式上的，随着目标语水平的发展，迁移逐渐表现为语义上的迁移。

在具体的研究方面，朱静芬（2000）通过对二语水平不同参与者在学习三语时受一语和二语影响的比较和分析，发现高年级组和低年级组之间汉语迁移错误的数量无显著性差异，而高年级组的法语迁移错误数量在词汇层面上显著高于低年级组；法语迁移错误在迁移错误中的比重

---

① 语法迁移方面，产生了累积性强化模式的研究（CEM）。

在组间也呈显著性差异，研究结论认为，法语水平越高，词汇量就越大，语言负迁移的可能性也越大。罗德里格斯（Rodríguez，2001）认为在语言习得中，母语的知识应当作为优势被利用。奥德林（Odlin，1989）从语言迁移的角度总结了母语和二语习得中部分同源词研究的成果。林伯（Limper，1932）通过对美国高中生母语词汇掌握程度对法语同源词识别的影响实验发现，掌握更好的母语读写能力（literacy）有助于同源词的辨认。佳林多·梅丽诺（Galindo Merino，2005）进行了英西语用迁移（transferencia pragmática）分析，对语用迁移运用于语言教学中提出了看法，认为在二语课堂教学中，正确认识何种语用知识能迁移到目的语中去，并以何种方法进行迁移显得尤为关键，与此同时，还需要设计具体的练习来巩固知识点，避免社会文化冲突。冈萨罗·佩雷斯（Gonzalo Pérez，2016）论文第三部分谈及迁移理论，在将语间同义同源词的研究置于塞林克（Selinker，1972）、莱维尔特（Levelt，1993）和蒋楠（Jiang，2000；2004）的理论模型下分析，指出学习者需要将母语关于同源词的知识迁移到目的语中去，有助于二语或外语的词汇学习。然而，这种迁移有可能是成功的，也有可能是失败的，并结合词汇内外因素、学习者主观因素等方面分析了造成上述迁移结果的原因。

3. 二语地位

"二语地位"是三语习得的影响因素之一，这一影响因素是由威廉和阿马博格最早提出的（Hammarberg，2001）。神经语言学指出，一语存储于程序记忆，二语存储于陈述性记忆。在三语习得的初始阶段，处于陈述性记忆中的二语会表现出更强的干扰性（刘宪、蒲志鸿，2017），由此观之，二语对三语的影响往往比一语更大。早在1983年，安德森（Anderson）就区分了上述两种不同知识类型，即陈述性知识和程序性知识，并指出陈述性知识转化为程序性知识一般需要经历三个阶段：（1）陈述阶段（认知阶段）；（2）知识编辑阶段（联络阶段）；（3）自动无意识阶段。（杨连瑞、尹洪山，2005）

不论是语言类型距离或是迁移理论或是"二语地位"，我们都不能只讨论某一个概念而忽略其他概念。如此说来，上文提及的"外国语聚合"尽管是指学习者自身对所有非母语所建立的人之关联，形成学习者认知系统中的"外语系统"，事实上也可作为对"外国语"二语地位影响因素的讨论，该影响因素在非相近语系（李静文，2018）的三语习得研究中更为明显。上述现象和相关研究可以追溯到 1983 年梅塞尔（Meisel）提出的"外语效应"（foreign language effect）（Meisel，1983；Forsyth，2014），主要用来描写二语对三语的语音表现。塞林克和鲍姆加特纳（Selinker & Baumgartner，1995）同样提出过相似的概念："外国语模式"和"说外国话"，用来说明有时说话人以此来加快中介语迁移，使得他们听起来不像是用母语在说话。若干年后，德·安吉利斯和塞林克（De Angelis & Selinker，2001）指出，在自发的三语交谈中，中介语的使用更能被青睐，因为这能使说话人比使用母语听起来像外国人，他们还认为学习者对自身中介语能力的感知会影响语言迁移，甚至在特定环境下，非母语言语记忆可以在三语产生过程中激活一门二语。巴德尔和福克（Bardel & Falk，2007）认为"二语地位"因素对三语的句法习得也有影响，可以说，在三语习得里，二语如同一个过滤器，阻止一语的侵入（Bardel & Falk，2007，2012；刘宪、蒲志鸿，2017）。阿马博格（Hammarberg，2001）发现在三语学习者学习三语的过程中，其背景语言有显著的分工，即第一语言主要承担工具性的角色，第二语言则承担辅助性的角色，而有的学者认为语言类型距离对三语的影响大于二语语言地位，也有学者认为与三语语言类型距离较远的二语对三语的影响比与三语语言类型距离更近的一语还要大（魏亚丽、彭金定，2015）。

4. 语言熟练度

赛诺斯（Cenoz，2001）指出二语习得中的跨语言影响和目的语熟练度水平有关联，许多研究报告指出，跟目的语水平更高的学习者相比，目的语不熟练的学习者体现出了更多的母语迁移；在三语习得方面，不仅需要考虑到目的语熟练度，还要考虑到说话者另外两种语言的熟练度，这就增加了研究的复杂性，并且多语能力也并非各单语能力简单的相加。对三语词汇习得中学习者语言水平研究的学者巴德尔和福克的研究证明了三语习得初期，即使学习者的语言水平较低，也会发生语码转换。他们还认为即便学习者语言水平低，距离相近的背景语言也会与目标语相互作用（魏亚丽、彭金定，2015）。

阿马博格（Hammarberg，2001）指出，假如学习者二语能力水平高，并且能达到在自然情境下应用的程度，能够促进二语迁移。林邦（Ringbom，2001）指出二语迁移的增加依赖于二语暴露的增加，即二语熟练度的增加，尤其是在语法层面。学习者信念研究也指出，在三语或多语习得初期，学习者能感知自己的语言能力薄弱，因此会愿意将已有的语言知识应用到目的语中去（De Angelis & Selinker，2001）。

5. 语言近现率

语言近现率指的是经常使用的语言（如二语）对三语习得初期产生的影响（Hammarberg，2001）。早在阿马博格（Hammarberg）之前，维尔多梅克（Vildomec）于1963年就已经指出，假如某个语言是经常被使用的，那么非母语迁移产生的可能性会更高（Forsyth，2014）。考虑到习得顺序，德瓦乐（Dewaele，1998）发现，母语为荷兰语、二语或三语为英语或法语的学习者的法语造词能力极大程度上会随着二语和三语的学习顺序而变化。与一语相较，多语使用者能应用不同加工和习得机制来应对二语，这就导致了某一语、二语的优先习得对多语者的语言加工产生影响。

6. 三语习得研究模型

在三语习得研究中，学者们针对三语间跨语言影响的研究也提出了诸多模型，主要为对迁移理论的总结与补充。

弗林、弗利和文尼斯卡娅（Flynn, Foley & Vinnitskaya，2004）基于对三语习得中母语地位的探讨，验证了累积强化模型（Cumulative-Enhancement Model，简称 CEM）。研究者认为三语习得者中各语言的地位平等，没有母语与其他语的区分，随着语言知识的积累，学习越多的语言也就变得越容易。

巴德尔和福克（Bardel & Falk，2007；2012）通过对三语习得中二语地位因素的研究与总结，发现在句法层面，三语习得者在学习初期倾向于将二语句法知识迁移到三语学习中。他们认为，关于隐性的语言能力和显性的元语言知识在神经语言学上有所区分，指出一语语法是隐性习得的，存储在程序性记忆（procedural memory）中，而二语语法是基于显性知识的，存储在陈述性记忆（declarative memory）中。三语的习得方式与二语相似，迁移会在存储于陈述性记忆中的两种语言中出现。因此，相对于一语而言，任何后来习得的语言之间更容易产生相互影响（徐锦芬、杨柳，2019）。

在三语习得句法研究层面，罗斯曼（Rothman，2011）提出了类型优先模型（Typological Primacy Model，简称 TPM），为上文 CEM 模型的修正。罗斯曼提出在多语习得中，初级阶段的迁移是选择发生的，一语和二语中哪一个更能影响三语习得，取决于在语言配对中（language pairing）与三语类型学上的相似性，句法属性相似度越高的语言对目标语的影响越大，对迁移是否符合最经济的原则无关。

韦斯特加德（Westergaard et al.，2017）在基于前人关于语言类型研究及提出相关模型的基础上，归纳并提出了语言邻近模型（Linguistic Proximity Model，简称 LPM）。语言邻近模型指的是多语（Ln）习得，包括增长的属性叠加学习，先前习得的语言对新语言的学习既有促进影响，又有非促进影响。在多语习得中，当输入语的特定语言属性展示出与先前习得语言属性的抽象结构相似性时，跨语言影响就产生了。

上述研究模型为三语习得研究中跨语言影响规律的高度概括，并为今后的研究提供了框架，指明了方向。除了上述模型之外，在普遍语法视角下，三语语法习得模型还包括母语因素假说、手术刀模型等（蔡金亭，2020）。

三、语素意识和词汇研究

1962 年，皮尔和兰伯特（Peal & Lambert，1962）发现了儿童双语者比单语者（对照组）更具有认知优势，并认为他们更具有元语言能力，说明了双语或多语者比单语者对多语任务更感兴趣，更具备元语言意识和元语言技能。不仅是儿童双语者，比亚韦斯托克（Bialystok）及其同事在成年人中发现了双语认知优势（Jessner，2006）。对元语言意识的讨论最初主要集中于母语研究，而非二语，随后在教育领域才渐渐兴起了"语言意识"相关研究。最初的二语研究被认为是两个单语的相加，单语研究的"潜在规则假设"认为二语者比母语者能力更低。上述情况直到 1962 年皮尔和兰伯特发布其研究成果才有所好转，研究为二语和智力之间的正向关联提供了证据，提出拥有双语体系的年轻人拥有更强的头脑灵活性、概念形成能力及更多样化的头脑能力（Peal & Lambert，1962）。维果茨基（Vygotsky）在《思维与语言》一书中也提过学习一门外语能产生积极的认知效应，有助于孩童提升元语言能力，指出外语能增强儿童的母语理解能力，通过学习外语，儿童能更有意识且更从容地运用词汇这一工具，更具有表现力地表达自己的想法。

尽管上述提及的几个专有名词（语言意识、元语言意识、元语言能力、元语言技能等）字面上非常相似，然而我们不能简单地将其归为同义词。根据不同学科背景、不同概念导向，上述专有名词存在差异。马拉科夫（Malakoff，1992）对元语言意识给出了定义：元语言意识使得个体能够对话语的产生或理解赋予语言形式和结构的思考。如此，一项元语言任务要求个体对话语信息的语言本质进行思考，主要为对语言结构特征的关注与反思。元语言意识的产生就是对需要使用认知技巧和语言技巧的特定问题进行接触并解决的过程。纳吉和安德森（Nagy & Anderson，1995）提出元语言意识是对语言结构有意识地觉察和运用，主要包括语音意识、语素意识和正字法意识。而语素意识概念由卡莱尔（Carlisle，1995）首次定义，他认为语素意识与单词结构和词汇认知有重要联系。

    国内外学者对语素意识的研究主要聚焦于母语和二语的教学实践和语言习得上，其中母语研究的对象主要为低年级儿童（张玉平等，2017；方铖豪等，2019），二语则主要为英语词汇的心理认知研究（曾立英，2011）。发展心理学和教育学研究发现语素意识与母语者以下能力关系密切：词汇习得（Wysocki & Jenkins，1987；Bertram，Laine & Virkkala，2000）、阅读理解（Mahony，Singson & Mann，2000；Schiff，Schwartz-Nahston & Nagar，2011）、正字法（Bourassa，Treiman & Kessler，2006；Deacon & Bryant，2006a，2006b；Medina & Rueda，2012）、读写能力（Meaux，Wolter & Collins，2020）等。李利平等（2020）通过对国内 127 名小学一年级学生两年时间的追踪调查，发现语素意识能显著预测汉字识别的起始水平和发展速度；方铖豪等（2019）以 149 名小学一年级学生为参与者，发现儿童早期语素意识水平能够提高词汇知识获得的效率，进而促进阅读能力的发展。

    在二语习得研究中，语素意识主要体现在二语词汇习得和二语阅读理解上（Morin，2003；Ramírez et al.，2010；Jeon，2011；Tabatabaei & Yakhabi，2011；Kieffer & Lesaux，2008，2012；Zhang & Koda，2012；Zhang，2016；Ke & Koda，2017），并且伴随着迁移现象（Whitley，2004；Deacon，Wade-Woolley & Kirby，2007；Ramírez et al.，2010；Saiegh-Haddad & Geva，2008；Schiff & Calif，2007）。亚马达和桑切斯-古铁雷斯（Yamada & Sanchez-Gutiérrez，2019）对 121 位母语为英语、二语为西班牙语的大学生进行词汇选择实验，对比研究了西班牙语前缀 dis- 和 des-，发现在二语习得初期，英语同源前缀 dis- 表现出了明显迁移现象，较 des- 更具能产性。随着二语熟练度增加，西班牙语前缀 des- 的能产性逐渐升高并超过了 dis-。然而，在母语为汉语、二语为英语的习得者中，语素意识的迁移现象并未像母语和二语均为字母语言中的那样明显（Ramírez et al.，2011；Zhang & Koda，2012），主要体现为汉英复合词语素意识迁移（Pasquarella et al.，2011；Ramírez et al.，2011；Wang et al.，2006，2009）。拉米雷斯等（Ramírez et al.，2011）对比研究了 89 名

母语为西班牙语、二语为英语的小学四年级和七年级学生及 77 名母语为汉语、二语为英语的小学四年级和七年级学生，发现母语为西班牙语的学生的英语派生语素意识显著强于母语为汉语的学生，而母语为汉语的学生在复合语素意识上表现较好，但与母语为西班牙语的学生之间无显著差异（梁利娟、陈宝国，2013）。综上所述，在语言学习过程中对各语言语素意识的培养有助于相应语言词汇或阅读能力的提升，这一点是毋庸置疑的（吴诗琼，2019）。

在三语习得研究方面，由于"外语效应"（foreign language effect）或"二语地位"（L2 status）效应存在，三语习得者较容易受到二语迁移影响，在词汇层面主要体现为语素意识和同源词的影响（迁移理论中的形态中介语迁移和词汇中介语迁移），不同字母语言中的词汇往往拥有相同语素，两者相互联系，主要体现为同源语素（如上文的同源词缀 dis-）。国内外学者对三语语素意识研究不多（Orcasitas-Vicandi，2020），将跨语言影响结合三语语素意识的研究则更少。学者们对同源词在二语、三语习得中存有何种效应也未形成统一观点，有些学者认为同源词在外语习得过程中存在抑制效应（Temnikova & Nagel，2015），有些则认为存在促进效应（Poort & Rodd，2017）。中国学生的母语和二语（英语）之间语言距离较大，在三语（非英语外语）词汇习得过程中，当二语和三语语言距离相近时，三语词汇的加工更易受习得状态相似的二语词汇影响（陈艳艳、张萍，2019），例如情形（母语为汉语）、situation（二语为英语）和 situación（三语为西班牙语）。元语言意识在二语习得中发挥了重要作用，相较母语和二语，中国学生在三语习得过程中，语素意识是否在二语和三语间也存在迁移？语素意识和同源词效应在三语同源词习得中是否会相互影响？本书将对上述问题进行初步探讨。

第六章 二语习得同源词研究

本书第一部分对同源词的定义、分类进行了讨论，并对比了同源词与其他词类的异同，明确了同源词在二语习得甚至多语习得中的概念基础。在对同源词和同源概念进行了充分的概念分析后，我们发现，大多数同源词应用研究中涉及的同源词并未严格按照从同源词基本概念的理论分析出发。单从这一角度来看，应用研究中同源词选词情况普遍不够严谨，因此，建议在对同源词进行选择的实证性研究中至少应当说明或者制定选词标准（见第一部分同源词研究目的导向概念）。本章将对国内外二语习得研究中同源词及同源现象的实证性研究进行回顾，并概述相关研究，介绍同源词研究的方法。此外，因"假朋友"现象在同源词研究中占据了重要参照地位，跟"同源现象"联系紧密，本章还将介绍"语间同形词"的研究概况。

由于二语者同时拥有两种语言系统，二语习得同源词研究往往离不开对词汇通达（lexical access）机制的讨论。词汇通达过程即词汇化过程，是将思维转换成单词表达并进一步转换为声音的过程（张清芳、杨玉芳，2003）。词汇通达机制存在选择性和非选择性争议。语言选择性通达认为，双语者在目标语加工中，只有目标语言的相关词汇表征得到激活并选择，而非目标语词汇没有被通达，从而不会对目标语造成影响。语言非选择性通达认为，双语者在目标语词汇加工中，非目标语的相关词汇表征也被激活而通达，并对目标语造成一定影响（赵俊华、莫雷，2008）。尽管有学者认为词汇选择性通达和非选择性通达为一个动态的过程，且在大多数情况下，如果没有一个平衡的双语环境，或者二语没有达到很高的熟练程度，双语者的语言通达总是表现出非选择性，包括同源词的研究结果。布兰德斯、范·赫尔和戴克斯特拉（Brenders，van Hell & Dijkstra，2011）总结道，在成人双语词汇识别（word recognition）中，相对于控制组（非同源词），同源词加工速度更快，错误率更少，这种普遍存在的二语同源词促进效应（cognate facilitation effect）证实了二语词汇中词汇通达的非选择性表达。

　　在跨语言影响下的词汇表征研究中，同源词较非同源词更有词汇通达优势，同源词对词汇习得的影响主要体现为跨语言影响中的促进效应或抑制效应。顾名思义，同源词促进效应主要是指同源词比非同源词加工速度更快，主要为在双语中词汇平行激活的结果，为非选择性通达的表现。同源词促进效应往往在二语中比在一语中更明显，然而在二语熟练度足够高的二语者的母语中也存在（Dijkstra，2009）。同源词效应的产生实际上为不同语言中单词在词义、词形与词音上重叠的结果，上述三种因素的作用均得到了实验的验证。当目标词汇单独出现时，同源词促进效应通常可以在视觉词汇判断实验中观察到（de Groot & Nas，1991；Dijkstra，Grainger & Van Heuven，1999；Dijkstra et al.，2010；Dijkstra，Van Jaarsveld & Ten Brinke，1998；Lemhöfer et al.，2008；Lemhöfer & Dijkstra，2004；Peeters，Dijkstra & Grainger，2013；Poort & Rodd，2017；Sánchez-Casas，García-Albea & Davis，1992；Sánchez-Casas & García-Albea，2005；van Hell & Dijkstra，2002）。此外，同源词促进效应也存在于句子中，这种情况下，同源词促进效应更小（Duyck et al.，2007；Libben & Titone，2009；Schwartz & Kroll，2006；Poort & Rodd，2017；van Assche et al.，2009；van Hell & de Groot，2008）。在词汇产出（word production）过程中也观测到了同源词效应：双语者能更快命名同源词图片（Costa，Caramazza & Sebastian-Galles，2000），并能更快朗读同源词（Schwartz，Kroll & Diaz，2007），该现象在双语者的二语中更为常见，然而在母语研究中也是如此（van Hell & Dijkstra，2002；Dijkstra，2009）。完全相同的同源词比不完全相同的同源词产生的同源词促进效应要强（Comesaña et al.，2015；Dijkstra et al.，2010；Duyck et al.，2007；

van Assche et al.，2011）。此外，在上述情况中，三种语言同源词中同两种语言中的同源词一样（Lemhöfer，Dijkstra & Michel，2004；van Hell & Dijkstra，2002）。上述研究说明同源词促进现象是普遍存在的，并且在同源词研究中非常关键。

即便如此，在同源词研究过程中，也有些学者发现了与促进效应相反的抑制效应（Temnikova，2015），并指出该效应与学习者的二语熟练度有关。

关于二语习得研究中的同源词研究，国外要先于国内。国外跨语言同源词的研究对象多为表音文字语言，因其语言类型距离较近，词汇习得研究中的同源词为词汇研究中比较重要的对象。国内的二语习得研究的外语多为英语，母语为汉语的二语学习者同英语的语言距离要远大于后者与西班牙语、法语等语言距离。因此，对国外二语研究方法的概述和借鉴有助于找到适合国内的跨语言三语习得研究中的同源词研究。针对二语习得的词汇研究，国内已经有学者进行了相关的评述，本章将一并进行综述和总结。

一、国外二语同源词研究概述

在二语习得同源词汇研究中，学习者年龄、语言熟练度、语言类型距离等为主要考虑因素，布兰德斯、范·赫尔和戴克斯特拉（Brenders，van Hell & Dijkstra，2011）不仅讨论了成人词汇识别（word recognition）实验中的同源词促进效应（Schulpen，2003；Schwartz & Kroll，2006；van Hell & Dijkstra，2002），还指出儿童在学习二语的过程中是在双语环境中发展自己的心理词汇（lexicon）。儿童的二语词汇加工研究将对跨语言双语加工研究有重要贡献，这是因为儿童对词汇的词类和功能联系有着与成人相仿的加工模式（Nation & Snowling，1999；Schulpen，2003），然而由于儿童的认知系统不如成人成熟，因此，二语习得研究中对儿童的同源词研究相对较少。纳吉等（Nagy et al.,1993）指出，在进行一番介绍后，英西双语儿童在小学学习过程中能寻找并识别二语（英语）文章中的同源词，学生在英语单选题中的表现跟西班牙语词汇知识有巨大联系。实验中，儿童被给予四篇英语（含同源词）文章后进行了词汇测验和同源词圈定测试。研究者发现，在词汇测试和英语文章测试中，儿童对同源词的识认更为困难；然而当被告知文章有同源词时，他们对已知文章的西班牙同源词就能识认了。实验结果表明，当知道西班牙语词汇并能认出该词汇的英语同源词时，英西双语儿童能将西班牙语获得的词汇知识迁移到英语阅读中。然而，上述同源词研究对二语初学者来说可能会造成困扰，纳吉及其同事的发现也无法适用于诸如词汇判断（lexical decision）这样的在线任务（on-line task）（Brenders，van Hell & Dijkstra，2011），此外，熟练度的增加对同源词表征和同源词加工的变化也需要考虑，因为对成年人的二语同源词研究指出，成年人对二语中词形相同的词汇非常敏感，这种敏感一直到二语熟练度增加之后也未见消减（Brenders，van Hell & Dijkstra，2011）。

下文将根据不同语言和实验范式更详细地介绍国外二语习得研究中的同源词研究。

1. 不同语言的同源词研究

下文将选取不同母语和二语的同源词经典研究范例来介绍国外二语同源词研究概况，并且讨论同源词在不同语言中表现出了哪种效应。

（1）荷兰语（一语）和英语（二语）

布兰德斯、范·赫尔和戴克斯特拉（Brenders，van Hell & Dijkstra，2011）对荷兰学生的英语学习情况进行了研究。研究者根据学生二语熟练度的不同，提供了不同的词汇识别任务条件。他们分别对五年级、六年级的小学生和七年级、九年级的中学生进行了词汇判断（lexical decision）实验，发现所有学生在英语词汇判断（English lexical decision）实验中对同源词的处理速度要比配对对照组词汇（matched control words）快，然而，荷兰语词汇判断实验的结果却不是这样的，参与者对含有"假朋友"的刺激列表（stimulus list）中的词汇反应更慢。研究者一共进行了三次实验，指出了儿童在早期二语学习中词汇的非选择性通达过程，并且对刺激列表中有无"假朋友"的同源词具有不同的反应结果。

实验一为荷兰儿童二语学习者（英语）进行的英语同源词汇（不含"假朋友"）判断，研究者分别对五年级、七年级、九年级三个年级的二语初学者进行测验。基于先前对成年人的研究成果，该研究旨在发现上述二语学习者能在其相应二语熟练度的基础上表现出一定程度的同源词促进效应（cognate facilitation effects）。实验二为另一批与实验一参与者具有相同的语言熟练度的参与者对荷兰语（不含"假朋友"）同源词汇进行词汇判断，旨在发现由于双语熟练度不同，学习者将更难在一语中表现出同源词促进效应，并且该效应与学习者二语熟练度有关，在二语熟练度变高的情况下，二语对一语的同源词效应将变强。实验三为同源词和"假朋友"混合的英语源词汇判断实验，分别对五年级、七年级、九年级三个年级进行实验，与此同时，还对五年级的学生进行跟踪研究（分别在二语学习到 6 个月、10 个月、20 个月时进行测验），旨在对比二语学习者中的同源词促进效应，观察二语熟练度增加时学习者对词汇的识别与加工策略是否有所发展，是否二语熟练度增加后的二语初学者所表现出的同源词促进效应和"假朋友"无效应与双语熟练成年人的实验结果相符合（Dijsktra，1998，1999）。

具体的实验步骤如下：在实验一中，研究者将参与者分为三组（分别为五年级组 28 人、七年级组 32 人、九年级组 31 人），实验材料为160 个单词，其中 80 个为英语单词（同源词和非同源词各占 40 个），80 个为英语假词（按照英语构词法更改一个字母后所得）。在准备工作中，研究者对同源词和非同源词进行了英语主观词频（English subjective frequencies）检测，对词长、英语正字法相邻数（number of orthographic English neighbors）进行了配对样本 t 检测，所得的 p 值均大于 0.5，说明两者无显著差异。实验准备过程中，研究者让参与者端坐于电脑前，用荷兰语介绍了操作内容，让其仔细阅读屏幕上出现的单词，通过 25 个词的练习环节，让他们熟悉同源词和控制词汇的上机操作流程。在正式实验中，他们需要在他们认为正确的英语单词出现时按下右边按键，在他们认为不存在的英语单词出现后按左边按键（左利手参与者则进行相反的操作）。实验单词40个为一组，分4组进行，组间安排休息时间，单词与单词有1.5秒间隔时长，在单词呈现过程中，前700毫秒于电脑屏幕中间出现一个注视点，之后300毫秒为黑屏，每个单词呈现时间最多不超过3秒，之后为500毫秒的黑屏。完成实验后，研究者选取回答正确的反应时作为分析数据，并对反应时数据进行参与者与词项平均值正负2.5个标准差进行数据剔除处理，反应时超过2.5秒的也予以排除。研究者以参与者与词项作为随机变量，对熟练度组别和同源词状态进行双因素方差分析（ANOVAs）来呈现反应时平均值和错误率。最后对三组对象进行双因素方差分析（two-factor analyses of varience，ANOVAs）。实验结果发现，在二语学习初期，学习者在词汇判断中已经表现出了同源词促进效应，不论是对同源词还是非同源词，随着二语熟练度的增加，其反应速度与正确率都有显著增加，不论是反应时还是错误率，同源词地位（cognate status）和参与组之间的相关度不显著。在实验二中，研究者将新的参与者分为三组（分别为五年级组29人、七年级组32人、九年级组30人），实验材料为实验一中的词汇，只是将同源词和对照组词汇翻译成了荷兰语，其中荷兰语错词为按照荷兰语构词法修改一个字母而成。实验二的实施及对数据的处理方式同实验一。实验二的结果反映出随着二语熟练度的增加，不论是同源词还是对照组，学习者对一语词汇的处理速度和正确率均有显著增加，而同源词和对照组之间的反应时和错误率差异不大，同源词地位和参与组之间的相关度也不显著。实验三首先对583个英语单词做出评级和分类工作，分为同源词、同源词对照组、"假朋友"、"假朋友"对照组。研究者分别对词汇进行了英语主观词频（English subjective frequencies）测定：让14位五年级学生和14位六年级学生对这些词做1—7的熟悉度（经常听到、看到、使用等级）评定，随后对上述学生的评定结果做皮尔森相关（Pearson correlations）分析，发现两组关系密切；随后进行正字法相似率（orthographic similarity rating taks）测定：25 位六年级学生对英语与荷兰语词汇做出了一一对应的评定，一共分为 1—7 个等级（从拼写不同到拼写相同）；最后做语音相似率（phonological similarity task）测定：24 位六年级学生对英语与荷兰语词汇做出了一一对应的评定，一共分为 1—7 个等级（读音不相同到读音相同）。在实验三中，研究者对 32 位小学生进行跟踪研究，第一次测验为学习英语 6 个月后（五年级），第二次为 10 个月后（五年级），第三次为 20 个月后（六年级），此外还有 30 个七年级（3 年英语学习）和 33 个九年级学生（5 年英语学习）参加测验。实验材料为在实验三的准备研究中选取的 192 个关键词，其中一半作为英语测试词汇，一半改成英语假词（改变一个字母），96 个测试单词中包含 27 个同源词，21 个"假朋友"，48 个配对对照词，同源词、"假朋友"和 48 个对照词在英语主观频率、正字法和语音测定中均未见显著差距。配对 t 检验（paired t tests）表明同源词及其配对词在主观词频、词长、正字法邻居测定中均未体现出显著差距（p 大于 0.5）。同样，配对 t 检验也表明了"假朋友"及其配对词在主观词频、词长、正字法邻居测定中均未体现出显著差距（p 大于 0.5）。然而，配对 t 检验却在同源词和配对词的正字法相似度和语音相似度方面显示出显著差异，同样，"假朋友"和"假朋友"配对词之间也存在上述差异。参照实验一的过程和数据剔除步骤，研究者将实验三得到的数据制成表格并进行了延迟分析（latency analyses），发现随着二语熟练度增加，参与者对词汇识别速度增快，但是同源词地位主效应相互作用不明显。实验三的结果指出，有同源词和"假朋友"的刺激列表的反应速度比对照组慢。同源词错误率分析指出，随着二语熟练度增加，同源词较对照组错误减少。同源地位在跨语言中的相互作用明显。对"假朋友"分析表示，"假朋友"识别速度慢于对照组，错误率也更少。在跟踪实验中发现二语学习者对同源词反应慢于对照组，但是速度随着二语熟练度增加而变快，在上述研究中观察到了同源词抑制效应，且"假朋友"抑制效应的情况跟同源词相似。研究者对实验结果总结后指出儿童对同源词促进效应同成年人类似，支持非选择性词汇通达，与此同时，不熟练二语者对母语同源词促进效应不显著，也符合对成年人的研究结果，然而在成年人中，仅在熟练度高的二语习得者的一语中能观察到同源词促进效应（van Hell & Dijkstra，2002）。有"假朋友"存在的实验三表示了对儿童二语学习者来说，同源词与"假朋友"混合的情况均存在抑制效应，然而即便如此，在成年人中却能观察到同源词促进效应。基于二语词汇非选择性通达假设，同源词和"假朋友"对二语初学者的抑制效应可以解释为同源词在两种语言系统里均被激活，因此学习者对该词汇的加工处理变得更慢，而二语熟练度高的学习者对同源词的词形和词义认识更为深刻，因此可以削减一语对二语的影响，或者说，他们更擅长处理同源词，能更快进入其词义表征，来对同源词做出更快的反应。

（2）葡萄牙语（一语）和巴斯克语（二语）

康梅萨尼亚等（Comesaña et al.，2012）对一语为葡萄牙语、二语为巴斯克语的儿童进行了两种学习方法实验，分别为基于图片方法（a picture-based method）和基于词汇方法（a word based method）。实验材料为同源词和非同源词。实验的参与者为二语学习者（共有42位，母语为葡萄牙语），之前并未接触过巴斯克语。研究者通过上述两种学习方法让参与者进行了巴斯克语词汇学习，之后对他们做了两次逆向翻译识别任务（backward translation recognition task）实验，分别为在词汇学习10分钟之后的测试，以及一周后的测试。实验者将巴斯克语作为二语来人为增大两种语言之间的距离，但是两种语言却都为表音字母语言。文章预设了基于图片方法进行的词汇学习受到的语义干扰效应（semantic interference effect）要比基于词汇方法的语义干扰效应强，这是由于基于图片学习方法能增强二语词汇与概念系统（Conceptual System，简称CS）之间的联结，以及基于图片学习能促进二语非同源词的习得。此外，对于跟踪研究来说，基于词汇学习效果比基于图片学习的效果消减得更快。实验对象为42位母语为欧洲葡萄牙语的小学六年级学生，他们没有接触过巴斯克语，但是却接触过符合其教育背景的外语，因此按严格意义来说，巴斯克语为三语。研究者选取了42个高频葡萄牙语和巴斯克语单词（其中 21 个同源词，21 个非同源词），每个巴斯克语单词由三类葡萄牙语单词进行配对：第一组为正确翻译组（巴斯克语 zeru [天空] 和葡萄牙语 céu [天空]）；第二组为语义相关组（巴斯克语 zeru [天空] 和葡萄牙语 azul [蓝色]）；第三组为不相关组（巴斯克语 zeru[天空] 和葡萄牙语 marca[标记]），所选择的单词（包括同源词和非同源词）充分考虑到了它们的词长、正字法邻近度、词频、熟悉度等因素。具体实验过程分两个阶段进行，第一阶段是学习阶段，学习者随机分成两组，分别参加单词小组或者图片小组的学习，要学习 42 个单词（36 个实验用词和 6 个练习用词），其中实验用词按照上述分类标准分成三个列表。单词学习组和图片学习组教学过程相同，研究者用巴斯克语大声朗读单词 4 次，学习者有 9 分钟左右的时间来记忆单词；在朗读完所有单词后，研究者再次朗读单词并再给予学习者 9 分钟时间，进行一次复习。在学习过程结束后，马上对参与者进行巴斯克语单词翻译小测验，在小测验后选取正确率 85% 以上的、总时间不超过 60 分钟的学习者进行下一步测验，学习者的错题可由研究者订正并告知正确答案，不符合条件的学习者由另一批学习者替换，共计 33 人，最后使得单词学习组和图片学习组的学习者成绩并无显著差别。第二阶段为实验阶段，原先两组学生随机分为三组，每组对应一个词汇列表来进行逆向翻译识别任务实验。该实验使用的软件为 Superlab 4.0，每个翻译识别中，首先在屏幕中间呈现 1000 毫秒的注视点 "+"，随后呈现一个 250 毫秒的巴斯克语单词，之后马上呈现与其对应的葡萄牙语单词，直到参与者做出反应或者超过了 2500 毫秒为止，学习者需要又快又准地判断葡萄牙语单词是否为巴斯克语单词的正确翻译。为了获得一个稳定的实验结果，该实验分两次进行：一次为词汇学习 10 分钟后，另一次为一周后。

研究者根据主体（F1）和词汇（F2）基于 2（启动词与目标词的关系：相关或不相关）×2（单词类别：同源词或非同源词）×2（实验时间：10 分钟后或一周后）×2（学习方法：基于词汇的学习或基于图片的学习）×3（列表：1、2 或 3）的混合设计，对正确回答的反应时和错误率进行了重复测量方差分析后指出：① 10 分钟后进行的实验所得的反应时比一周后进行的实验反应时更长，词汇学习组的反应时比图片学习组反应时快。从 2（启动词与目标词的关系：相关或不相关）×2（单词类别：同源词或非同源词）的维度来看，非同源不相关词汇比非同源相关词汇和同源不相关词汇反应时快。②错误分析指出语义相关词汇比语义不相关词汇错误更多，图片组比词汇组错误更多，一周后的实验比 10 分钟后的实验语义干扰效应更明显。从 2（单词类别：同源词或非同源词）×2（学习方法：基于词汇的学习或基于图片的学习）的维度来看，在非同源词判断中，图片组比词汇组错误更多，图片组非同源词比同源词错误多。从 2（启动词与目标词的关系：相关或不相关）×2（单词类别：同源词或非同源词）×2（学习方法：基于词汇的学习或基于图片的学习）的维度来看，词汇学习组中同源词的语义干扰效应更明显，非同源词中的干扰效应也接近明显。相反地，图片组中的干扰效应只存在于同源词中。此外，两组学习方式中非同源词不相关词对比同源词无关词对错误率高。

根据上述研究结果，研究者发现儿童对相关的词汇比对无相关的词汇错误率高，证实了语义干扰效应的存在，且比起反应时，错误率更能反应语义干扰效应，这是由于反应时分析中噪音较多，统计结果没有意义。根据之前的实验，错误指标也往往是语言学习进步的标志，反映了学习者的知识空缺（gaps in the learners' knowledge）。在错误率高的实验结果中分析反应时似乎不好得出什么结论，而错误分析在分析词汇的学习过程中显得更为可靠且更能提供有效信息。然而，根据该实验特点发现，词汇学习组的二语学习者比图片组的学习者反应时更快，这是因为实验的词汇呈现方式更能与词汇组学生的词汇学习方式相匹配。同样，这也可以用来解释同源词比非同源词反应时更快的原因。测试的时间对错误率所反应出的语义干扰效应具有调节作用，因此一周后实验比 10 分钟后实验更具有鲁棒性，这意味着概念信息在长期记忆中得到了加强。由于考虑到语义干扰效应，不能简单地说明同源词存在优势。然而从数据分析中看出，有正字法相似性的同源词的结果要比非正字法同源词效果好，甚至产生了天花板效应（ceiling effect），对非同源词来说，上述结果没有那么明显。研究者认为词汇组学习比图片组学习更能加强二语同源词和非同源词词汇及概念语义之间的联结，似乎也符合之前非同源词实验中图片组的语义干扰效应更明显这一结论。然而，这点结论和利马等（Lima et al.，2010）得出的结论恰恰相反，后者的实验对象为成年人，后者研究指出在成年人的二语词汇学习后，图片组比词汇组更有优势，即便包含同源词和非同源词，该优势仍然存在。

（3）俄语（一语）和英语（二语）

捷姆民科娃和纳格尔（Temnikova & Nagel，2015）对 19—24 岁的俄罗斯学生进行了英语词汇启动实验研究。研究者对参与者进行了语言水平测试，选取平均水平为中高级的 25 位参与者（其中包含 23 位女性、2 位男性）进行了两次实验。同源词和语义相关词汇的词汇启动实验，研究者在两组二语熟练度不同的参与者中观察到了同源词抑制效应，还观察到了语义启动相关效应对参与者语言熟练度特征并无关联的现象。实验一的对象为二语熟练度中处于中高水平（upperr-intermediate level）的参与者，实验二则是以二语熟练度高（advanced level）的参与者为实验对象，研究者通过进行实验二来验证实验一的结果。

研究者假设在俄语词汇（以同源词或语义相关）和英语词汇（目标项）的实验中发现促进效应，实验在启动词汇中控制了两个变量：语义启动（有相关或无相关）和同源词启动（同源词或非同源词）。实验一为英语词汇判断实验，参与者分别进行了词汇和语法测试，保证其语言熟练度处于中高水平，其中参与者的平均二语习得时间为 11 年。实验材料为经过词频和词长筛选的 60 对俄英词对，共 120 个词，其中词汇分为两大类，第一类为同源词和非同源词，第二类为语义相关词汇和语义不相关词汇。实验开始前，学生在电脑课上分组，每组 3—5 人，轮流进行实验，并保证组与组之间不存在交流。实验正式开始前，参与者先进行 15 个词练习，实验使用 eprime2.0，屏幕上先呈现长达 500 毫秒的注视点"+"，接下来呈现长达 100 毫秒的俄语启动词汇，随后呈现英语判断词汇，直到参与者做出判断或 2000 毫秒之后才消失，每组词对之间有 250 毫秒的休息时间，实验总时长约为 9 分钟。研究者对实验一获得数据处理结果如下：剔除了 5.7% 的错误及反应时均值正负 2 个标准差（5.4%）的数据，并且对剩余数据进行了双因素方差分析，发现同源词比非同源词的反应时更长，且语义相关词对反应时比非语义相关的反应时更短，而两个因素之间的差异并不显著。实验二的对象为 9 位二语熟练度高的学习者，他们均通过了二语水平高级测验，平均语言学习时间为 15 年，实验过程和数据加工方式跟实验一相同。研究者对实验二的数据进行重复测量方差分析后发现，同源词比非同源词反应时更慢，在二语熟练度高的参与者中，语义相关词对反应时比不相关词对反应时快，且语义相关和同源词两种因素的差异并不显著。通过上述两个实验，研究者指出，实验结果跟实验假设相反，结果发现同源词存在抑制效应，并且该效应与二语熟练度无关；结果还发现，同源词存在语义相关效应，然而与同源词的关系不显著。对目标词汇识别延迟原因的推测可以建立在参与者的特点身上，并对他们的语言熟练度与语码转换能力自动失败的情况表示质疑。

　　以上述三个不同语别的二语习得研究中的同源词研究为例，我们可以看到，在二语习得研究的同源词研究中，参与者的二语可以是初学，也可以是具有一定熟练度的，并且对参与者年龄的对比也是研究的关键因素之一，这两种因素都会对同源词的非选择性通达产生影响。沃特森（Woutersen，1996）对不同英语水平的荷兰学生进行了荷英同源词研究后发现，英语水平越高的学生对同源词依懒性越小。这似乎也印证了同源词效应一般都见于学习者的二语初学阶段，然而，随着熟练度的升高，同源词反而存在干扰效应，并且在有"假朋友"对照的实验中，同源词甚至体现出了抑制效应，舒能、霍斯金和博瑟斯（Schoonen，Hulstijn & Bossers，1998）通过荷英同源词研究后发现，高年级要比低年级更有优势。上述研究得出的看似相反的结果给同源词研究带来了不确定性，就目前来看，影响实验结果的变量有语言类型、参与者年龄、二语熟练度、"假朋友"。下文将总结目前同源词研究的范式，看看是否对厘清同源词究竟在二语习得中产生出何种效应有所帮助。

2. 同源词研究范式

研究范式为同源词研究提供了准绳,对二语同源词研究的研究方法能为三语同源词研究提供思路和借鉴。下面将介绍二语同源词研究中的几个主要研究范式。

（1）词汇判断

词汇判断（lexical decision）为词汇研究中应用较多的一个研究范式（Meyer & Schvaneveldt，1971；Caramazza & Brones，1979；Dijkstra，Grainger & van Heuven，1999；Perea et al.，2006，2008；Lemhofer，Dijkstra & Michel，2004；Temnikova & Nagel，2015），被认为是词汇研究中能较好地反映出词汇表征和加工过程的范式。顾名思义，词汇判断为参与者根据显示屏上出现的词汇按照一定标准做出判断选择的过程。同源词词汇判断可追溯到卡拉马萨和布罗纳的研究（Caramazza & Brones，1979），在他们的双语词汇判断实验中，研究者向双语者展示字母串，并要求参与者决定该字母串是否为他所了解的两种语言当中的单词。在单语情况下，呈现的词汇属于同一种语言，参与者仅需要判断词汇是否属于该语言；在二语情况下，呈现的词汇属于另一种语言；在第三种情况下，呈现出双语混合词汇，参与者需要对此进行判断。所呈现出来的词一般称为字母串（letter string）或单词（word），所呈现的词汇集合一般称作刺激列表（stimuli list）。根据实验需求，有时会创造一些假词（nonword）进行对照，根据具体实验目标，假词可以通过字母或音节变换、增加、删减等手段来获取。实验步骤根据单词数量可再分为若干个小实验（trial），每个实验通常由呈现注视点、实验词汇与间隔时间组成，根据所呈现出来的词汇，参与者按键进行判断。实验者一般规定词汇呈现的最长时间，词汇呈现以达到最长时间或参与者做出判断时结束。参与者的反应时与词汇呈现的顺序（一般随机呈现）由电脑记录并处理。在正式开始实验之前，研究者一般会给参与者进行练习，让其熟悉实验步骤。实验结束后，研究者对词汇反应时和正确率进行统计学分析，总结研究结果。针对刺激列表中词汇的选择，一般来说研究者需要控制其词频、词长、字体等因素，并且根据实验目的和需要决定所选词汇的词类，做好实验组和对照组词汇的分类。假如不好控制测试词汇的词频，可让母语者或其他与参与者背景相同的人员来对词汇常用度或相似度等进行主观评分（1—7 分），以一语和二语词汇相似度为例，1 分为两者完全不相同，7 分为完全相同。根据不同的实验目标，如同源词促进效应（Brenders，van Hell & Dijkstra，2011）、语义启动效应等（Perea et al.，2008），词汇判断范式在每轮判断任务目标词汇出现前还会呈现启动词汇（prime）和掩蔽符号（如 * 或 # 等）。词汇判断实验一般都在电脑上进行，使用的实验软件有 DMDX，e-prime，superlab 等。

（2）词汇翻译

词汇翻译（word translation）可追溯到 1984 年波特等（Potter et al.，1984）的研究，他们使用该范式的目的是比对两种双语记忆及加工模型：词汇联想模型与概念中介模型（de Groot，Dannenburg & van Hell，1994）。词汇翻译为对所呈现的刺激词汇进行翻译反应。一般来说，在词汇翻译中，电脑屏幕向参与者呈现刺激词汇，在刺激词汇前后分别呈现注视点及间隔。在德·格鲁特、丹嫩贝格和范·赫尔（de Groot，Dannenburg & van Hell，1994）的研究中，参与者进行了反向词汇翻译实验（backward-translation experiment），词汇刺激通过 PASCAL 程序呈现给参与者，并由该程序储存每位参与者的反应时，参与者的回答由一个声控话筒激活并记录，研究者端坐于参与者左侧，负责记录参与者的回答并监管声控系统，例如负责对声控系统突然失灵的处理，以及在话筒被噪音激活时对参与者所做出反应的修正。实验开始时，首位参与者按顺序完成第一组和第二组词汇翻译工作；第二位参与者按顺序完成第二组和第一组词汇翻译工作；第三位参与者按照首位参与者的顺序完成翻译工作，依此类推。组间单词的呈现顺序是随机的，并且对每位参与者来说都是不同的，每组词汇呈现的间隔为 5 分钟。每位参与者在正式开始翻译前有 15 个练习词。每个单词的呈现流程如下：先在屏幕中刺激词汇稍上方处呈现一个持续时间为 1 秒钟的注视点"*"，随后立即呈现刺激词汇，一直持续到参与者做出口头反应或者出现其他声音为止，本实验的反应时从刺激词汇开始呈现时开始计算。研究者输入参与者的回答（该回答不会出现在实验屏幕上）。随后，研究者按下"回车"键，1 秒钟之后进入下一个单词的流程。刺激词汇最长的持续时间为 5 秒钟，假如 5 秒钟之内参与者未能答复，研究者就在屏幕上输入"none"，并且直接按下"回车"键。按照上述流程，研究者还进行了正向词汇翻译实验（forward-translation experiment）。词汇翻译实验能反映出同源词及语义与相似度变量对双语翻译的影响，并且可以用于讨论一语、二语词汇与概念系统之间的联结关系。词汇翻译范式也可以与词汇判断范式结合起来讨论同源词促进效应和词汇翻译之间的关系，可以结合词汇学习并且对学习结果进行验证和探讨（参见 Comesaña, et al., 2012）。

（3）掩蔽启动

掩蔽启动范式（masked translation priming）能反映出同源词在双语系统中的效应（Gollan, Forster & Frost, 1997），这是由于掩蔽启动范式考察的是某个掩蔽呈现的刺激对另外一个正常呈现的刺激所产生的影响，最早的掩蔽启动实验开始于 20 世纪 80 年代（乔晓妹、张鑫雯，2017）。掩蔽启动一般为三级结构，由掩蔽项、启动刺激与目标刺激组成，也可以是四级结构：在启动刺激之后加一项后掩蔽项。掩蔽项一般由特殊符号构成，例如 ### 等，为了避免启动项和刺激项的融合效应，启动项和刺激项可以用大小写或改变字体等方法来区分。一般来说，启动刺激呈现时间为 30—60 毫秒（甚至更短），掩蔽项和启动项约为 500 毫秒，所有刺激呈现于屏幕中央。掩蔽启动范式包括重复启动（repetition or identity priming）：启动刺激与目标刺激完全一致；形式启动（form priming）：启动刺激与目标刺激在形式上有细微差别，也被称为"字母转换启动"（transposed letter priming）；语义启动（semantic priming）和翻译启动（translation priming）：前者指启动刺激与目标刺激具有语义联系，后者指启动刺激与目标刺激双语间互为翻译关系。普通词汇启动实验跟词汇掩蔽启动实验存在本质差别，结合脑电实验等证据，掩蔽启动效应反应词汇识别的早期无意识加工更加依赖大脑中有稳定储存、提取较为方便的自动信息，其激活脑区相对较少，而非掩蔽启动跟掩蔽启动是相对的（乔晓妹、唐荣超、张鑫雯，2019），因此，关于同源词研究采取哪种启动方式还需要根据实验假设与目的不同来谨慎选择。为了排除决策因素（strategic factor）对同源词在目标语中的效应，可以采用掩蔽启动来分析同源词促进效应对词汇判断的影响：部分同源词掩蔽启动研究发现了同源词在双语中的启动效应。高兰、福斯特和弗罗斯特（Gollan，Forster & Frost，1997）在他们的研究中采用了同源词重复启动和翻译启动来研究双语中同源词词音与词形的启动效应，在刺激列表制作环节，他们只做了三个列表，每个列表包含 64 个真词与 64 个假词，第一张为跨语言列表（或称双语列表，cross-language list），其中启动词为希伯来语（H），目标词为英语（E），剩余两张为语内列表（within-language list），分别是启动词和目标词均为希伯来语（H-H）的列表，以及启动词和目标词均为英语的列表（E-E），每个列表中的启动词和目标词均来自同一语言。每张列表的目标词中包含 32 个同源词和 32 个非同源词的翻译等价词（translation equivalent），所有双语词汇都进行了词长和词频的控制。从上述刺激列表的制定中可以分析出四种情况，每种情况涉及 16 个单词：第一种为同源词重复启动，即启动词和目标词均为同源词，分布于 H-H 和 E-E 列表中；第二种为同源词控制组启动，启动词为不相关词汇，目标词为同源词；第三种为非同源词重复启动，启动词和目标词均为非同源词，分布于 H-H 和 E-E 列表中，以及 H-E 列表的翻译启动；第四种为非同源词控制组启动，启动词为不相关词汇，目标词为非同源词。每个列表中的假词为真词变换两个字母所得。在语内列表中，一半假词目标词由同样的假词作为启动项，另一半假词目标词则由不相关的控制词汇来启动，而跨语言列表中，所有启动项为真词，目标词为假词的启动项为该假词的真词译词，因此在 H-H 与 E-E 的语内列表而非跨语言列表中，可以探测出词形启动效应。掩蔽启动实验通常搭配词汇判断来实施，掩蔽启动使用的实验软件有 e-prime，DMASTER 等。上述实验采用了 DMSTER 软件，所有刺激均显示在屏幕中央，实验程序类似上文描述，为三级结构，首先呈现长达 500 毫秒的掩蔽项 "#########"，随后呈现长达 50 毫秒的启动词汇，随后为目标词汇，参与者通过两个按键对真假词进行判断，在16 个练习词之后被要求又快又准地进行反应，软件负责记录参与者的反应时与正确率，通常在实验结束之后需要跟参与者确认他们无法意识到启动词存在的情况。

（4）词汇联想

词汇联想（word association）范式为参与者在看到刺激词汇之后用快速联想到的词汇进行回答的过程。词汇联想既能反映出词汇在语言概念系统中的加工情况，也能反映出不同类别词汇同概念系统之间的联系。单语研究中的词汇联想会受到刺激词汇的具体性、词义及参与者情感等影响，其中刺激词汇对词义影响最大；双语研究中，语内与语间两个因素对刺激词汇的词汇联想一般用来检验是否存在翻译过程，因为该过程能证明双语概念系统的重合。词汇联想可分为离散范式（discrete version）和连续范式。在离散范式中，参与者针对每个刺激单词联想一个单词，而在连续范式中，参与者针对每个刺激在规定时间内尽可能多地给出联想到的词汇。范·赫尔和德·格鲁特（van Hell & de Groot，1998）进行了词汇联想范式实验，其过程跟上文提及的词汇翻译范式较为类似。词汇刺激通过 PASCAL 程序呈现在屏幕正中央，并由该程序储存每位参与者的反应时，参与者的回答由一个声控话筒激活并记录，研究者负责记录参与者的回答及监管声控，例如负责记录声控突然失控及话筒被噪音所激活时参与者做出的反应。实验要求每位参与者对呈现的刺激词汇尽快做出反应，在看到刺激词汇时，以最快速度大声说出首先想到的单词。本次实验为离散范式，因此参与者被要求回答一个单词，在荷兰语作答要求下用荷兰语回答，在英语作答要求下用英语回答。此外，还需要做到在单语中不能用刺激词汇回答，在双语中则不能使用译词回答。每个单词的呈现流程如下：先在屏幕中央显示 1 秒钟的注视点 "*"，随后立即呈现刺激词汇，一直持续到参与者做出口头反应或者出现别的声音为止，本实验的反应时从刺激词汇开始呈现时开始计算。研究者输入参与者的回答（该回答不会出现在实验屏幕上）。随后，研究者按下 "回车"键，1 秒钟之后进入下一个单词的流程。刺激词汇最长的持续时间为 8 秒钟，假如参与者未能在 8 秒钟之内进行答复，研究者就在屏幕上输入 "none"，并且直接按下 "回车"键。参与者拥有 20 个词汇的练习环节，之后就正式开始 120 个单词的实验，在练习和正式实验中，刺激词汇均为随机呈现，120 个词分为 6 组，组间安排休息。正式实验的词汇共有 120 个，其中 90 个为荷兰语单词，搭配相应的 90 个英语译词，90 个单词中包含 60 个名词、30 个动词，另有 30 个形容词作为补充，这是为了防止参与者仅回答名词或动词。名词和动词的比例参照自然语言中的比例而定，为 2:1。刺激列表中词汇具体度（concreteness）和同源词地位（cognate status）各占一半，即具体词汇和抽象词汇各占一半，同源词和非同源词各占一半。根据参与者的回答情况，研究人员通过词汇联想，分别对刺激词汇为荷兰语（D）、回答为英语（E）的 DE 情况、DD 情况、ED 情况与 EE 情况进行了启动语言、回答语言、词类、具体性、同源词地位几个因素的分析。

（5）事件相关电位

作为电生理学范式，事件相关电位（ERP）的测量能更直观地反映出词汇加工过程。与反应时范式相同，事件相关电位也是一项在线范式。事件相关电位主要测量并记录在进行启动刺激后参与者在平均固定时间内做出反应时头皮的脑电活动，即记录脑电背景中相关项目加工时的电压信号（Midgley et al., 2011）。事件相关电位为多维度范式，在词汇加工过程中同时包含时间进程信息、头皮分布信息及电压测量。由于具有上述多种优势，相较于行为实验，事件相关电位对同源词效应能提供更为敏感且精确的测量情况，因为即使两类词汇在反应时和正确率上没有显著差异，其心理表征也可能存在不同。词汇加工研究中的事件相关电位测量一般开始于刺激词汇呈现后的 250 毫秒到 600 毫秒之间，在这一区间内的 ERP 成分为 N400[①]，为负值，能反映出与词汇识别相关的词形与语义情况，加工越困难，该值越大。在米奇利等（Midgley et al., 2011）的实验中，参与者被要求根据词汇是否为动物名称（占所有词汇的 12%）做出语义判断，其中动物名称词汇也包含同源词与非同源词，参与者需要对一语组和二语组词汇分别做出反应。研究者希望能在参与者对同源词的反映过程中观察到更小的 N400 成分，并能在二语词汇中观察到更具有优势的同源词加工现象。该实验的参与者平均年龄为 20 岁，均为右利手，视力正常或校正后正常，没有神经损伤病史或语言障碍，母语为英语，二语为法语，在正式实验开始前，研究者对参与者的法语熟练度进行了检查。实验时，白色刺激词汇被呈现于黑色背景的 19 英寸彩色演示器上，所有视觉刺激与脑电设备进行了同步协调，参与者端坐于屏幕前约 1.5 米处，刺激词汇的高度和宽度均能保证参与者在实验过程中不会产生眼动干扰，从而避免影响实验结果。除此之外，吞咽口水、眨眼等也在实验过程中也被告知需要尽量避免。正式实验过程如下：首先屏幕中央出现刺激词汇，长达 300 毫秒；随后为长达 1000 毫秒的黑屏；紧接着为长达 2000 毫秒的眨眼刺激，提示参与者可以动动眼球或者眨眨眼；随后出现 500 毫秒的黑屏直到下个刺激词出现，参与者被要求在看到动物名词后按下按键。在实验结束后，参与者需要翻译实验中见到的英语刺激词汇并由研究者计算其正确率。正式实验开始前，参与者在戴好电极帽后用他们的一语阅读实验说明，并进行每组刺激列表（刺激列表分两组，一组为英语，另一组为法语）的相应练习。每组词汇实验时间为 15 分钟左右，其间有 4 个暂停时间，休息时长由参与者决定。在选词方面，研究者一共选取了 160 个英法同源词与非同源词，其中同源词包括同形同源词与类同形同源词，各占 50%。词汇词形重叠率为 89%（计算方法为两个词的相同字母个数 ×2 与所有字母的比值，例如：同源词组 victim 与 victime 的重复率为 $12 \div 13 \approx 92\%$；非同源词包括英语词汇和法

---

① 该成分为库塔斯（Kutas）和希利亚德（Hillyard）在1980年被首次发现（刘少强、杨文星，2020）。

语词汇，词汇词形重叠率为10.5%，所选词汇的词长为4—7个字母。一语和二语间同源词和非同源词及各语言间的同源词和非同源词的词频之间没有显著差异。研究者还对一语词汇做了莱文斯坦距离（orthographic Levenshtein distance metric）检测[①]（Schepens & Grootjen，2012）。研究者做了两张词汇列表，每份列表由英语与法语两组词汇组成，英语组包含80个英语同源词和80个英语非同源词，法语组包含80个法语同源词和80个法语非同源词，此外还有80个补充词汇，以此模糊了研究的针对性。实验过程中两份列表的词汇出现次数相等，即在一个实验流程中，参与者无法同时看到英语同源词及其法语相对应的词汇。每份词汇表中包含40个动物名称，在英语组中为英语动物名称，法语组中为法语动物名称，呈现给参与者的动物名称都是相同的，每个动物名词的选择和规范与其他同源词或非同源词相同。

（6）词汇学习与图片学习

词汇学习（word learning）与图片学习（picture learning）范式为通过对二语初学者新学词汇进行测试来观察词汇习得情况。在同源词相关研究中，词汇学习作为一个学习策略可以同图片学习进行比对（Lotto & de Groot，1998；Tonzar，Lotto & Job，2009；Comesaña et al.，2012）。洛托和德·格鲁特（Lotto & de Groot，1998）将词汇学习方法和词汇种类相结合，考查了语言理解中词频与同源词地位两个变量对词汇学习的作用。实验分两部分进行，第一部分为预测试（pretest），研究者邀请20位参与者通过一语图片命名方式（224张图片）来确定二语图片学习中所涉及的词汇，还通过对224个同源词词汇相似度的主观评分（1—7分）来确定同源词词汇。根据测试结果，最终，研究者选取了4组词汇，每组为20词，其中平均分超过4的词汇被认为是同源词，低于4的词汇被认为是非同源词。在容量为620000词的语料库中出现频率等于或高于11的定为高频词，等于或低于10的定为低频词。在该范式中，研究者希望所筛

[①]　可理解为两个单词的相似度距离检测，为一个单词变成另一个单词后增加、减少或替换的最少字母数。其他研究可参见斯格本斯、戴克斯特拉和格罗申的文章（Schepens，Dijkstra & Grootjen，2012）。

选的词汇符合以下几个要求：①在图片命名测试中，两个高频组和两个低频组中同源词与非同源词没有反应时差异；②两组同源词与两组非同源词各自组内主观评分没有显著差异；③四组词汇中，意大利语词汇的词长相同；④基于图片一致（picture-agreement）评分的4组词汇评分相同；⑤同源词与非同源词在两个高频组和两个低频组的频率无差别。正式实验中，研究者设计了两种实验条件，分别为词汇学习条件与图片学习条件，过程分为学习环节与测试环节。学习环节步骤如下：80个刺激词汇拥有三次重复学习机会，不论是图片学习还是词汇学习，所有学习项均随机显示。参与者坐于屏幕前，屏幕中间首先呈现一个持续时间为1秒钟的注视点，随后呈现100毫秒的空白，紧接着为学习项（图片加词汇或者词汇加词汇），持续时间为8秒。在所有学习项均呈现三次之后进入测试环节，在测试环节中，四组参与者的呈现方式分相同呈现与交叉呈现：两个图片学习组中的其中一组接收图片刺激（作为一致组，congruent group），另一组接收词汇刺激（作为不一致组，incongruent group），两个词汇学习组也是如此分配。所有参与者被要求针对刺激词汇做出回答，需要又快又准地说出相对应的意大利语词汇，回答结果由声控话筒收录，多媒体软件负责呈现刺激及记录刺激呈现时的反应时。参与者被要求在回答完毕后，下个刺激开始呈现之前，在键盘上输入自己的答词并按回车键。研究者端坐于参与者右侧，负责控制声控话筒及记录失效回答，实验在消音室里进行。实验正式开始前每位参与者需要阅读荷兰语实验介绍，不论是学习环节还是测试环节，参与者均有3个刺激项作为练习。学习环节大致需要45分钟，测试环节需要15分钟。所有参与者在实验结束后的第二天需要回到实验室，进行第二轮实验。在参与者筛选方面，尽管没有人学过意大利语，然而参与者却具有其他语言知识，尤其是英语（此外有些参与者还学过法语、德语或拉丁语），因此，严格来说，他们为多语者。

（7）语义分类

语义分类（semantic categorization）范式一般指的是对词汇含义进行

判断，判断标准为该词是否属于某个规定类别。该范式能通过测量反应时来反映词汇与概念系统之间的通达情况，以及观察词汇表征和概念表征之间是否存在差异。在事件相关电位范式（Midgley et al., 2011）中也包含了语义分类范式，研究所采用的实验参考了桑切斯-卡萨斯等（Sanchez-Casas et al., 1992）的范式，后者在 1992 年发表的文章中通过三个实验讨论了同源词和非同源词在双语词汇加工中的不同，其中第一个实验为语义分类掩蔽启动实验，主要着眼点在语义分类范式对词汇概念层面的敏感度及词形类同的同源词在概念上是否仍具有启动效应这一问题上。在桑切斯-卡萨斯等人（Sanchez-Casas et al.）的语义分类实验中，参与者需要根据屏幕中呈现的大写单词及相关问题做出回答。具体实验步骤如下：屏幕中央首先呈现一个问题，例如：这是一个动物吗？（这属于动物类的，实验分类还包含身体部位、服装和水果）在参与者做出反应之后呈现掩蔽项"####"，持续时间为 500 毫秒，紧接着呈现长达 60 毫秒的小写单词作为启动项，紧接着呈现时长 500 毫秒的大写单词，电脑软件负责记录每个单词的反应时与准确率。在词汇的选择方面，研究者准备了 144 个单词，分为两组，每组 72 个单词，第一组的西班牙语单词为回答"是"的目标词（即具有语义分类），第二组的西班牙语单词则为回答"否"的目标词。每组词汇再分为两组，一组为同源译词，另一组为非同源译词。目标词为同源词的实验采用我们熟悉的三种启动方式，分别为重复启动（例如：启动词为 rico，目标词为 RICO）、翻译启动（例如：启动词为 rich，目标词为 RICO）及形式启动。在翻译启动中，启动词和目标词平均有 3 个字母相同，平均词长为 4.5，平均邻居数（average number of neighbours）为 8.3（0—24），西班牙语目标同源词词频为 29.6 ± 57.6，英语同源词启动词词频为 40.6 ± 45.6。在形式启动中，启动词为假词（例如：启动词为 rict，目标词为 RICO），并且与目标词完全重合。目标词为非同源词的实验同样也为上述三种，在翻译启动中，启动词和目标词平均有 1.5 个字母相同，平均词长为 4.5，平均邻居数（average number of neighbours）为 7.5（0—24），西班牙语非同源词目标词频为

74.8±136.1，英语非同源词启动词词频为 40.6±45.6。在正式实验开始前，参与者可以通过 14 个练习词来熟悉流程。共有 21 位母语为西班牙语的学生或教师参与了该实验，选择的标准基于针对他们语言背景所实施的问卷调查，21 位中有 18 位在青少年时期就开始学习英语，另外 3 位则是平行双语者，所有参与者的双语阅读、书写、交谈能力都没有显著差异，并且语言使用频率也较高。

（8）眼动追踪

眼动追踪（eye-tracking）范式在心理语言学研究中应用广泛，以其自然注视的生态性及丰富的时空记录指标，被认为是研究人类认知加工过程十分有效的方法（Conklin et al.，2020）。相较于其他标准认知任务，眼动追踪研究范式具有以下优势：①阅读理解是一个自然的过程，不要求外显判断（overt decision）；②理解的时间进程可用源自同一任务并与参与者相关的不同测量指标来评估。在二语习得词汇研究中，眼动追踪作为一种研究范式，指出了能够被预见的词汇在阅读中被跳过的可能性越大。于此同时，上下文能够阻止个别非目标语词汇的加工，也就是说，在目标语句子或者上下文阅读的过程中，只有拥有目标语的句子或者词汇才会被加工。通过眼动追踪范式的应用，研究者也观察到了同源词促进效应，证实了词汇的非选择性通达（van Assche et al.，2009），而对同源词目标词加工时的首次注视（first fixation）、注视时长（gaze duration）和总体阅读时长测量发现同源词促进效应仅存在于词形完全相同的同源词中，而词形不同的同源词与控制组词汇相差不大（Duyck et al.，2007）。针对迪克等（Duyck et al.，2007）的研究，里本（Libben）和蒂托内（Titone）设计了眼动追踪实验，意图通过对同源词与语间同形异义词（"假朋友"）阅读时的眼动记录来探讨同源词在眼动追踪范式中的语义约束现象（Libben & Titone，2009）。实验所使用的设备为 SR 研究公司的 Eye-Link 1000 眼动仪，采样率为 1000hz，参与者双眼并用进行实验，仪器则实时记录参与者的右眼运动轨迹。首先，参与者需要完成句子阅读任务，随后进行篇章阅读，最后完成语言历史调查。参与者被告知要在显示器前进行句子与篇章的阅读理解并记录眼动情况。具体实验过程如下：在仪器校准完毕、正式开始阅读任务前，参与者先进行 10 次练习，随后进行随机呈现的 128 个句子的阅读任务，在阅读完句子之后按键，并且在某些句子后需要按键回答"是"或"否"，期间按需进行休息，在实验之后没有一位参与者反映注意到了法英语间同形异义词（"假朋友"）或是同源词。紧接着，参与者被要求在电脑上阅读两篇文章（英语和法语各一篇，并被告知需要在完成阅读后回答三个阅读理解问题），同时被告知需要记录眼动情况，随后以正常速度阅读文章，结束后按键示意（这项任务用于检测参与者的阅读能力）。在完成上述两项任务后，参与者进行语言历史调查。参与者均为大学生，所有人均为法语和英语的双语者，法语为优势语（French-dominante），英语为二语，在做完语言历史调查之后所有人都认为自己的母语为法语。在选词方面，研究者定的目标词为 32 个法英语间同形异义词，以及 32 个法英同形同源词，法语词汇的词频大于或等于英语词汇，同源词和语间同形词的地位由 5 位不参与实验的双语者来确定，英语控制组词汇选取标准与目标词汇相同，包括字母数、词频与邻居密度（neighbourhood density）；在确定好词汇之后，研究者开始确定句子。句子的类别一共有两种，所有句子均为主从句结构，其中从句为目标词语义偏向句（semantically biased toward the target word），被称为高语义约束句（high-semantic-constraint），或是非目标词语义偏向句（semantically unbiased toward the target word），即低语义约束句（low-semantic-constraint）；主句包含目标词或者配对控制词，出现于句中，因此每个词项将出现在四个句子中，每个句子做到尽可能相似，其中控制词和目标词前总会出现一个相同的超过 5 个字母的单词，以减少参与者在阅读过程中跳过目标词的概率。基于实验目的，研究者还通过两种方式对句子的语义约束程度（degree of semantic constraint）进行了把控：方法一是句子打分任务。研究者挑选了 12 位母语为英语者来判断从句偏向目标词的程度（0—10 分，10 分为高约束）。通过这一打分环节，研究者删除了两个语间同形异义词句和一个同源词句（在高约束句分类中分数低于6），另有三句语间同形异义词由于对应的控制词为法英同源词而被删除。因此，所选取的实验用句中目标词和控制词在打分上没有显著差异（p<0.01）。方法二是让60位英语母语者对抠除目标词与控制词的句子填空，同样在语义高约束与低约束句中并未发现目标词和控制词之间存在差异。在实验过程中，25%的句子搭配了问题，这能保证参与者在实验过程中的专注程度，参与者需要对问题做出"是"或"否"的回答。

（9）图片命名

图片命名（picture naming）范式为参与者对呈现出来的图片进行命名任务的实验方式。许多研究表明，在组块双语图片命名模式中，不平衡双语者的第一语言反应快于第二语言（张金香、李凌，2011），然而该速度不仅受到语言熟练度的影响，还会受到词频的影响（Lotto & de Groot，1998）。图片命名范式还能反映二语词汇的非选择性通达：假如词汇通达包含级联激活（cascaded activation），那么在图片命名过程中，对于同一图片的双语名均能被激活；反之，只有目标词被离散序列激活（discrete serial activation）。科斯塔、卡拉马萨和塞巴斯蒂安-切耶斯（Costa，Caramazza & Sebastian-Galles，2000）为了研究双语词汇的激活情况，选取了双语同源词进行了图片命名研究，他们认为：假如非选择性词汇能激活相应的语音部分，符合级联激活模式，那么同源词在图片命名过程中的速度将比非同源词快；相反地，假如按照离散序列激活模式所描述的那样，同源词与非同源词在图片命名中的速度将没有显著差异。上述推论基于两个前提，其一为双语享有共同的语义系统，其二为该语义系统能平行激活双语者的两种语言。科斯塔、卡拉马萨和塞巴斯蒂安-切耶斯（Costa，Caramazza & Sebastian-Galles，2000）进行了两个图片命名实验，实验一以加泰罗尼亚语和西班牙语双语者及西班牙语单语者为对象，探究同源词地位对图片命名的影响。42位参与者按语言能力分为两组，每组21人，并按要求对两类图片进行命名任务。第一组为巴塞罗那大学学生（18—25岁），他们都是流利双语者，调查显示，他们的优势语为加泰罗尼亚语（母语），西班牙语为二语。另外一组为来自马德里自治大学的学生，母语为西班牙语，没有学过加泰罗尼亚语。实验材料为40幅图片，涉及身体部位、建筑、动物、家具等内容。研究者对图片的条件进行了控制，分为10幅低频同源词名称图片、10幅高频同源词名称图片、10幅低频非同源词名称图片和10幅高频非同源词名称图片。研究者对同源词的音节数也进行了控制（平均音节为2.5，平均语音成分为5，范围为3—7），几乎所有同源词首个音节与首个音位相同，非同源词则不论在词形上还是词音上均不相同，对语法词性也进行了严格控制（40个词中仅3个词在双语中词性不一致）。参与者在消音室进行实验，并被告知实验目的及需要又快又准地进行图片命名任务。具体实验步骤如下：实验过程分四组，其中前三组为标准图片命名任务，最后一组为延时图片命名任务，因此所有图片共将出现四次。在标准图片命名任务中，在屏幕上首先显示出星号"*"注视点，并持续1秒，随后是500毫秒的空白间隔，接着呈现400毫秒的图片，参与者需要用1.9秒的时间做出命名反应，否则将进入下一个流程，反应时从刺激出现后开始计算。在延时命名实验中，参与者需要对提供的视觉线索（visual cue）进行命名，具体流程与标准命名任务相同，区别仅在呈现图片之后1秒钟屏幕上会呈现出视觉线索，参与者需要在线索呈现之后作答，反应时从线索出现后开始计算。两种命名方式能有效控制参与者在不同条件的词汇命名过程中可能存在的差异。实验由EXPE程序进行呈现并记录反应时，研究者对每位参与者均进行发声校准，整个实验过程持续约40分钟。最后，参与者被要求做一个语言历史调查（language history questionnaire）。实验一结果表明了双语者对同源词名称图片命名速度比非同源词快，单语者对两种图片命名反应时相同。实验二以西班牙语和加泰罗尼亚语为对象，探究同源词地位是否对双语者以优势语命名图片具有影响，假如有影响，是否与二语使用情况有关。42位参与者按语言能力分为两组，每组21人。第一组为巴塞罗那大学学生（18—25岁），他们也是加泰罗尼亚语-西班牙语双语者，优势语为加泰罗尼亚语，西班牙语为二语。另外一组也是西班牙语-加泰罗尼亚语双语者，然而优势语为西班牙语，6岁前没有接触过加泰罗尼亚语。所有参与者被要求用西班牙语进行命名。实验材料为 80 幅图片，其中 40 幅取自实验一，剩余 40 幅同样按其标准进行筛选。研究者对同源词与非同源词的音节数进行了控制（平均音节分别为 2.5 与 2.6，平均语音成分为 5，范围为 3—7），对图片名称词频也进行了控制，几乎所有同源词首个音节与首个音位相同，非同源词则不论在词形上还是词音上均不相同，对词的语法属性也进行了严格控制（80 个词中仅 5 个词在双语中词性不一致）。参与者在消音室进行实验，并被告知实验目的及需要又快又准地进行图片命名任务。具体实验步骤和程序与实验一相同。实验二结果证实了同源词促进效应的存在。实验一和实验二的结果表明了同源词促进效应支持词汇通达的级联激活，而非离散序列激活。

（10）自步阅读

自步阅读（self-paced reading）范式于 20 世纪 80 年代中期被引入二语研究中，于 90 年代引发了较大关注，作为在线研究范式之一，自步阅读范式能反映语言加工过程中语言知识的自动化能力，能反映出二语阅读过程中句法自动加工过程，以及加工中认知资源的调控情况，可以从反应时的角度探索在线加工中具体二语成分的加工特点（张超等，2020）。下面将以布尔特纳等（Bultena et al.，2014）对同源词的自步阅读研究来具体介绍一下该范式。他们通过两项实验来探讨是否句子中的同源词促进效应受到词类、二语阅读熟练度及任务要求（task demand）的影响，自步阅读为其中第二项实验。在自步阅读实验中，38 位参与者（其中有 7 位男性）来自拉德堡德大学，为 18—29 岁的荷兰语—英语双语者，母语为荷兰语，二语为英语（约 10 岁开始学习）。在正式实验开始前，参与者进行了 LexTALE 测验，平均分为 77.88 分，表明了他们是高熟练度的二语者。此外参与者对自己的英语阅读能力、写作能力与口头表达能力进行打分，并且他们分别具有英语国家生活经验与双语学习经验等。上述调查确保了参与者的二语阅读能力。两项实验的实验刺激材料相同，均为 53 对句子，其中 29 对句子包含目标同源词名词与非同源词名词，24 对句子包含目标同源词动词与非同源词动词。目标词汇为词形简单的单数名词及第三人称复数动词（与动词原形词形相同），所有句子为主谓宾结构的陈述句，控制组句子与目标词所在的句子相仿。研究者对刺激句子的把控同样采用了填空及打分的方式（参见眼动追踪范式），共有 42 位荷英双语者参与上述环节，对抠除目标词句子填空的分析表明名词和动词的目标句与控制句之间并无显著差异；研究者还对所选同源词与非同源词的具体度（concreteness）与语义相似度（semantic similarity）进行了打分，前者共有 52 位荷英双语者参与，他们对 199 个英语名词与 235 个英语动词进行 1（非常抽象）—7（非常具体）分的打分；后者共有 61 位荷英双语者参与，他们对 160 个名词与 160 个动词进行 1（无语义重合）—5（语义全部重合）分的打分。通过分析以上因素，所选的荷英名词与动词的同源词与非同源词之间不存在显著差异。在词汇选取中，同源词与非同源词在词频、词形相似度、词长、邻居密度等因素中均未见显著差别，符合实验标准。每个刺激列表包含 53 个目标句、75 个补充句，补充句在句法结构和时态上区别于目标句。其中 16 个目标句与 16 个补充句还包含一个问题，参与者需要回答"是"或者"否"，包含问题的句子随机出现，且总是出现在补充句后，在参与者回答正确时不予以反馈。实验采用的软件为 Presentation（www.neurobs.com），具体实验过程如下：参与者端坐于电脑前，距离屏幕 50 厘米。在进行 LexTALE 测试之后，屏幕上居中呈现刺激句子，呈现方式为单词逐个呈现，并且根据词长这一指标，还未呈现的词汇用下划线表示，参与者在按下按键之后，依次呈现单词，下一个单词呈现后，上一个单词恢复成下划线，每个词汇的阅读时间从词汇呈现开始到参与者按键为止。通过对实验结果的分析，研究者发现，相较于动词，名词的同源词促进效应更为明显，并且随着参与者二语熟练度增加而减少。

（11）渐进性去掩蔽

渐进性去掩蔽（progressive demasking）范式为在目标词呈现过程中对其进行渐进性除去掩蔽的过程，要求参与者能在掩蔽项渐渐褪去的过程中又快又准地做出反应。与词汇判断任务相比，渐进性去掩蔽范式能通过有效减少参与者感官信息来放慢目标词汇识别的进程，不论在双语词汇还是单语词汇的加工过程中都得到了广泛应用（Dijkstra et al., 1999）。戴克斯特拉等（Dijkstra et al., 1999）对 40 位奈梅亨大学的学生进行了渐进性去掩蔽研究，所有参与者的母语均为荷兰语，二语为英语，视力正常或矫正后正常。实验材料为荷英双语词汇，其中英语词汇选自 CELEX 语料库，为名词或者形容词，分别由三、四、五个字母组成，并且做到词形（O）、读音（P）或语义（S）三方面与荷兰语词汇相似，所选测试词汇需要与荷兰语词汇一一对应，即同一个词不能有另一个读音或词性相似的竞争词。所选英语词汇按照与荷兰语词汇搭配条件分为 SOP、SO、SP、OP、O、P 六组，每组 15 个词，其中 SOP、SO、SP 词和它们的荷兰语对应词汇是翻译对等词（translation equivalent）；OP、O、P 词与荷兰语对应词的含义不同。SOP、SO、OP、O 词与荷兰语对应词汇的词形相同。SP、P 词与荷兰语对应词的词形相似度尽量保持最低，最后语音相似度在 SOP、SP、OP、P 词中保持最高，在 SO、O 词中保持最低。随后研究者邀请了 12 位参与者对上述 90 个英语词汇进行评分，结果符合实验要求。所有英语实验词汇词长、词频与荷兰语词汇相同。每个测试词汇配备一个词长、词频相同的控制词汇（尽可能做到辅音—元音结构）。实验在消音室进行，研究者使用的奈梅亨大学开发的软件呈现词汇刺激并且记录反应时，具体实验过程如下：参与者端坐于电脑屏幕 60 厘米处，刺激词汇出现在屏幕中央，屏幕背景为白色。在阅读英语实验说明文件后，参与者被告知需要对刺激尽早做出反应，并且少犯错。首先，屏幕上呈现"下一词"（NEXT WORD）字样，在参与者按下按键后，屏幕中间上下方出现两条线，分别位于屏幕中央上下 6.6 毫米处，1500 毫秒之后，屏幕中出现了首个黑白棋盘状图案，覆盖住单词，之后出现另一个黑白棋盘状图案，其中白色块为首个图案的黑色块变化后所得，黑色块则为首个图案的白色块变化后所得。图案在参与者进行判断时交替变换，在首轮，首个棋盘状图案呈现的时长为 300 毫秒；随后呈现 15 毫秒的目标词；然后呈现另一个棋盘状图案，持续时间为 285 毫秒；紧接着呈现 30 毫秒的目标词，依此类推。掩蔽项会随着时间渐渐褪去，因此目标词也会渐渐变得明晰，每个刺激项在首次掩蔽项出现过去 6 秒后或者参与者做出反应（按键）为止。按键后，屏幕上会重新出现掩蔽项，与此同时，跳出一个对话框让参与者将识别的单词输入进去，输入完毕后继续下一轮实验。词汇出现的顺序是随机的，参与者需要在 30 分钟左右的时间内对 180 个单词进行判断，在此之前需要进行 32 个单词的练习环节。

纵观所有实验范式，我们发现，同源词研究范式的选择不仅需要基于实验目的，在此基础上，还需要对各个部分进行严格的变量控制，不论在刺激列表的选择上，还是对参与者的控制上，以及对范式细节的敲定上都需要符合实验规范。前者除了对词汇类型的选择外，还包括对同源词相似度的控制，对词长、词频的控制，对词汇日常使用度的控制，等等。后面的几个实验范式在参与者的选择上很难控制其所学语言熟练度的变量，在许多二语同源词实验中，所选取的参与者往往不仅具备二语知识，而且每个参与者个人掌握的语言情况存在不同。部分研究除了具备基本语言学知识之外，还要根据具体的实验目的来选择适当的实验设备，这就要求研究者对实验设备有所了解，应用语言学的跨学科发展要求研究者在精进理论知识的同时，还要具备实验性的思维与能力。对多语研究者来说，对于感兴趣的实验手段、实验方向的探索尤为必要。一位合格的多语研究者需要学会某种前沿的实验范式，或者推陈出新，结合科学设备的使用在具体实验中贯彻科学分析法，这就要求研究者在形成清晰的理论思路的基础上，完全了解硬件和软件的操作方法。

通过上述实验范式可以验证二语习得研究中的词汇通达情况，并观察到同源词在二语词汇习得研究中的非选择性通达现象，至于能否观察到同源词在通达过程中体现出了何种效应，不同的实验范式可能会产生不同的结论，大部分实验范式能证明同源词在词汇加工过程中存在促进效应，而有的范式指出随着二语熟练度的增加，同源词促进效应会下降。因此，我们可以初步得出以下结论：同源词加工过程中，根据条件的不同会体现出不同效应。

二、国内二语同源词研究概述

汉语从属于汉藏语系汉语语族，英语从属于印欧语系日耳曼语族，国内大部分二语习得研究的着眼点在英语上，二语与母语相关照的研究主要为汉英对比研究。语系之差导致了两者语言类型相差巨大，加之书写文字不同，因此在词汇层面，两者的词形、词音差异巨大，即便如此，也有不少汉英词汇对比研究，主要集中在教学、翻译、词义、语料库建设、语码转化等研究，在心理语言学方面，则有词汇通达、词汇加工、词汇产出等方面，较少涉及同源词研究，更不用说以同源词为研究对象探讨词汇通达与同源词效应的研究了。由于汉英同源词数量有限，其局限性导致了国内与同源词相关研究的语言普遍涉及三语。本节将对国内二语同源词研究情况做个概述。

严格来说，汉英同源词数量较少，多为外来词，属于跨文字系统[①]，仅为在音、义上重叠的词，因此几乎鲜有汉英同源词相关研究。即便如此，丁雪华（2019）使用翻译启动范式，对汉英不平衡双语者进行了同源词启动效应研究。研究采用了同源翻译对等词（如吉他 -guitar）、非同源翻译对等词（如奴隶 -slave）、语音相似词（如奈可 -neck）、与音义无关词（如老鼠 -taxi）四组词进行掩蔽启动实验，每组词汇为 30 对高频具体名词，选取的对象为汉英双语大学生，母语为汉语，二语为英语，均过了 CET-4（大学英语四级考试），成绩没有显著差别。实验中，启动刺激为汉语词汇，目标词为英语词汇，直至参与者对目标词做出反应，来判断真假。结果发现，同源词在基于上述词汇分组的一语到二语的掩蔽启动实验中具有语义启动效应，没有语音启动效应，而在二语到一语的掩蔽启动实验中，同源词没有体现出任何启动效应。

吴成刚（2016）也对汉英同源词进行了研究，研究范式与结论同上文类似，即在一语到二语的启动方向存在同源词启动效应，而在二语到

---

① 跨文字系统语言间的同源词一般指一种语言中来自另一种语言的借词，包括外来音译词（丁雪华，2019）。

一语方向没有明显的启动效应，却观察到了语音启动效应，一语到二语启动方向中则不存在语音启动效应。实验反映出了同源词作为启动词表现出的不对称启动效应，对这种不对称效应的存在还需要进行深入研究探讨。从目前汉英双语同源词研究来看，国内同源词相关研究正位于初始阶段，然而，同源词研究可以作为国内二语习得词汇研究有力的补充，跨语言体系、跨文字系统的同源词具有自身的研究特点与研究价值，能从语音和语义角度对目前以词形为主的同源词研究进行补充。

从国内二语词汇习得研究中的同源词研究可以看出，由于跨文字系统的存在，同源词在词形上无法观察到启动效应，然而该效应却能在词音与词义上有所体现；该启动效应能在启动实验中被观察到，而在非启动实验中，结合先前相关研究，我们可以认为汉英同源词的启动效应也会以某种同源词促进效应的形式而存在，并且有待深入研究。

三、语间同形词研究范式

关于"假朋友"、假同源词、语间同形词这几个基本概念可参见第一部分的理论论述，本节主要内容为探讨二语习得心理语言学研究范式下的语间同形词的词汇表征，以及其与同源词效应的关系。布兰德斯、范·赫尔和戴克斯特拉（Brenders，van Hell & Dijkstra，2011）指出，"假朋友"促进或抑制效应研究也可以作为双语词汇研究中非语言选择性词汇通达（language-nonselective lexical access）的证据。然而，"假朋友"的作用似乎跟刺激列表中是否含有同源词有关。"假朋友"的研究范式与同源词大同小异，因此许多实验中两者常常作为对照组出现，包含在了刺激列表词汇构成里，将实验结果进行分析也往往离不开提及"假朋友"现象，事实上，后者会影响同源词具体加工效应。在大多数心理语言学研究中，"假朋友"为语间同形词的通俗叫法。既然存在语间同形词，那么也就存在语间同音词，由于许多印欧语系语言为拼读语言，因此在某些语言中，同音与同形差别较少，例如杰瑞德等（Jared et al.，2012）就对英法同源词、语间同形词和语间同音词与对应的控制组词汇进行词汇命名（word naming）范式研究，发现当儿童同时阅读双语词汇时，词汇识别的心理表征是整合型的，并且双语系统处于同时被激活的状态，支持BIA+模式。研究者还观察到了法语沉浸式教学期间儿童所受到的语间同形词抑制效应影响（inhibitory interlingual homograph effect）。然而，儿童在同源词与语间同音词命名上比控制组词汇犯错更少，因此，研究者认为在法语词汇判断中既存在同源词促进效应，又存在语间同音词促进效应。由于关于语间同音词的研究为数不多[①]，而应用型研究中对"假朋友"的定义多为语间同形词，因此这一节将着重介绍同源词与语间同形词的心理语言学某些范式的研究，并总结"假朋友"研究的学术意义与价值。

一般来说，语间同形词研究主要关注它是否具有抑制效应及该效应在什么情况下产生（Dijkstra，Van Jaarsvelld，Ten Brinke，1998）。施勒特和施罗德（Schröter & Schroeder，2016）通过研究德语和英语之间的同源词及"假朋友"现象，讨论了双语初学者是否在阅读一种语言过程中词形与词义均能在两种语言中得到表征，以及"假朋友"在平衡双语儿童的早期阅读习得过程中是否也体现出在成年平衡双语者或二语习得者身上一样的无效应或者抑制效应。他们的研究对象为平衡双语儿童（balanced bilingual children），正在同时进行德语和英语的阅读训练。研究者对双语儿童进行两项（分别为德语和英语）词汇判断实验（包括同源词、"假朋友"和对应控制词汇）后发现，同源词在两种语言加工过程中均存在促进效应，而在该过程中，"假朋友"仅对正确率有所影响，除此之外并未体现出其他抑制效应。在实验开始前，研究者提出了两个假设：①在双语中会产生同源词促进效应，并且该效应的存在能证明同源词优势随着平衡语言熟练度提高而增长，并非同阅读经验增多相关；②假如双语熟练度高能导致双语语义同时激活，那么，平衡双语者跟二语学习者将存在不同，对于前者来说，即便存在"假朋友"，同样能在他们身上观察到同源词促进效应。这就能跟上文一语荷兰语、二语英语的研究形成对照（Brenders，van Hell，Dijkstra，2011）。实验对象为柏林双语学校（采用德语和英语

①　中英语间同音词研究参见周慧霞等（Zhou et al.，2010）。

双语教学，各占 50%）46 名三年级学生（其中 21 名为女生，平均年龄 7.65岁），每位参与者拥有为期两年的正规双语阅读训练。第一部分的实验为问卷调查，研究者首先对参与者的语言和社会背景进行调查。所有参与者均表示日常生活中都会用到双语，其中 27 名参与者从出生开始就同时习得双语，12 名参与者先习得德语，7 名参与者先习得英语，所有参与者表示很早就习得了两种语言，其中大部分表示在三岁前习得了另一语言。14 名参与者表示在家同时使用两种语言交流，18 名参与者表示在家使用德语更多些，14 名则表示使用英语更多。除此之外，学校对学生的入学要求是进入学校时都是双语流利者。研究者对参与者做了非言语智力的文化公平测验（Culture Fair Test），测验结果显示参与者与单语同龄者差距不大，同样还对其进行了词汇德语文化公平词汇测验（CFT 20-R）和英语图片词汇量表（British Picture Vocabulary Scale）检验，结果显示，参与者尽管比单语者分数更低，然而在德语和英语双语之间进行比较发现，参与者掌握词汇情况差别不大。研究者还检测了参与者的双语真假词汇阅读速度，研究表明参与者均能使用两种语言进行流利阅读。实验材料如下：研究者选取了 64 个语间同形词作为目标词，长度为 3—8 个字母，语间莱文斯坦距离不超过 2，即德语和英语的拼写差异为 2 个字母，或 2个字母位置。64 个词汇中一半为词义相同的词（即同源词），另一半为词义不同的词（即"假朋友"），其中同源词和"假朋友"之间的词长和词频尽量保持相同。德语词频参考依据 childlex databas for German 数据库，英语词频参考依据 TASA（Touchstone Applied Science Associates）数据库。上述两个数据库为专门的儿童文献数据库。实验者分别为每种语言的 64 个单词选取了对应的控制词，所有控制词均为翻译对等词。此外，基于目标词汇，研究者还使用多语假词产生器（multilingual pseudoword generator），按照语言特点制作了假词。目标词按照语言的不同分成两个列表，用于正式实验的每份刺激列表包含 16 个同源词和 16 个"假朋友"及其对应的控制词与假词。相同语言中，刺激列表的词汇长度和词频差距不大。正式实验中，参与者分别进行德语和英语的词汇判断任务，并由电脑来记录反应时，参与者被要求对屏幕上出现的词汇做出又快又准的判断。具体过程如下：每位参与者先进行 4 次练习，随后正式开始真假词汇判断。所有词汇分三组，每组 46 个单词。正式实验开始时，屏幕中间出现十字形注视点，持续 500 毫秒，随后是 500 毫秒空白时间，紧接着出现目标词，直到参与者做出反应为止。实验结束后，研究者使用 R 语言 lme4 软件包中的混合效应模型（mixed-effects models）来对词汇的正确率与反应时进行结果分析：对反应时数据进行对数变换后用线性模型进行分析，对正确率进行对数变换（logit transformed）后，采用具有二项式链接函数的广义线性模型（generalized linear model with a binomial link function）来分析。研究者将词汇项和参与者作为随机效应（random effects），将语言（德语或英语）、词汇地位（word status）（目标词或控制词）、目标词类型（target type）（同源词或"假朋友"）作为固定效应（fixed effects），并用 multcomp 软件包生成的广义线性假设测试（the general linear hypotheses test）进行效应评估。实验结果表明，德语词汇正确率高于英语。在反应时分析中，研究者排除了回答错误的数据，以及超过 2.5 个标准差的数据（占到数据的 18%）。研究者将同源词和"假朋友"分别进行了结果分析后发现，尽管德语同源词一般被认为加工正确率更高，然而本次实验的事后比较（post hoc）发现，德语同源词对正确率的影响不明显，仅在反应时中体现出了同源词促进效应。而在英语中，相较于控制组，同源词展现出了正确率与反应时优势，即便如此，词汇地位和语言这两个随机效应的交互在正确率和反应时上均未表现出显著差异，这意味着在德语和英语中同源词具有相似的加工情况。对"假朋友"的事后比较发现，在德语中，"假朋友"在正确率上体现出了抑制效应，在反应时上并没有体现。而在英语中，不论是在正确率上，还是反应时上，均未发现"假朋友"与控制组词汇之间的差别。同样，词汇地位和语言这两个随机效应的交互在正确率和反应时上均未显示出显著差异，这意味着在德语和英语中，"假朋友"具有相似的加工情况。本实验给平衡双语初级阅读者在词汇识别过程中的词形及词义表征的跨语言激活提供了证据，符合 BIA+ 模型整合心理词汇（integrated lexicon）一说。结合前人的研究及对本实验结果进一步分析发现，同源词促进效应在熟练度高的双语者中也有体现，主要影响因素为语言水平及双语熟练度的平衡，而跟阅读经验无关，这表明在阅读习得初始阶段，平衡双语者的词汇通达在本质上达到了高度的非语言选择性。本实验中，"假朋友"促进效应的缺失表明了早期双语者心理词汇中存在词义到词形的反馈机制，这是由于在词形层面，"假朋友"具有跟同源词相同的激活优势，而在词义层面，这种激活优势则受到了限制，并且被消除了，这跟同源词的情况恰好相反，基于 RHM 模型，平衡双语者对两种语言都熟练掌握，因此，在德语和英语中均存在上述"假朋友"的情况。相较于二语熟练度不均衡者，本实验发现二语熟练度高的平衡双语者对刺激列表组成成分并不敏感，他们更擅长处理跨语言同源词的词汇歧义（lexical ambiguity）情况，这也能证明平衡双语者在阅读学习过程中依赖于单一的整合词汇识别系统。研究结果中德语词汇存在"假朋友"抑制效应的原因是虽然参与者为双语熟练度者，但是平时接触到的德语环境较英语更多，因此对德语词汇加工速度更快，而加工速度快能导致抑制效应这一点符合正字法深度假设（orthographic depth hypothesis）（Katz and Frost，1992）：对德语稍具优势的双语熟练者来说，德语词形相对英语来说更浅薄（orthographically shallow），英语则更厚实（opaque）。一般来说，"假朋友"抑制效应存在于儿童一语中（Jared et al.，2012），由于阅读速度更快，因此一语的词形通达更快，这样在词义层面产生竞争就更大，从而导致了抑制效应的产生。通过本研究的分析，我们基本上能得出这样的结论：尽管绝对相同的语言熟练度很难达到，相对于二语不平衡者在一语中无法观察到同源词促进效应来说，本研究对各种变量的控制及对参与者语言熟练度的严格测试，发现了二语平衡者能在一语中观察到同源词促进效应。

针对同源词促进效应是否受到刺激列表组成成分的影响，在较早的研究中就有所体现：戴克斯特拉、范·亚尔斯费尔德和滕布林克（Dijkstra，van Jaarsveld & TenBrink，1998）对荷英双语者进行了三次词汇判断实验，发现参与者对语间同形词的判断结果受到了刺激列表中非目标语词汇介入的影响，后者间接影响了词汇激活过程中自下而上的加工过程。当荷英双语者参与一个英语词汇判断任务且此任务的刺激列表中包含荷英同形异义词、同源词、控制词时，他们对同形异义词的反应时和控制词没有差别；而当同源词被排除在刺激列表之外时，同形异义词的抑制效应增加。此外，戴克斯特拉等（Dijkstra et al.，1999）在他们第二次渐进性去掩蔽实验的实验材料中加入了与第一次实验相同数量的假词并对 30 名荷兰学生进行实验后，发现语间同形与同义均能加快参与者对目标词汇的反应速度。在词形、词音相似组的结果中，实验一结果体现出了语间同形词的抑制效应，而实验二结果并未体现，且当同源词存在时，荷英双语者处理语间同形词和对照组词汇的速度一样快。

基于上述研究，泊特和罗德（Poort & Rodd，2017）再次进行了荷英双语者的实验，他们以刺激列表组成成分为切入点对"假朋友"效应进行了进一步探讨。他们认为，同源词促进效应一般多在词汇视觉识别实验中被观察到，这种情况下，往往目标词汇是单独出现的；该效应也能在句子中被观察到，然而句子中的促进效应不够明显；在词汇产生过程中也能观察到同源词促进效应（双语者能更快命名同源词图片，也能更快朗读同源词汇）；同源词促进效应在二语中更明显，然而在一语中同样也能观察到（Schröter and Schroeder，2016）；同源词促进效应在同形同源词中更明显，在多语同源词中比在双语同源词中更明显。跟同源词促进效应相仿，泊特和罗德（Poort & Rodd，2017）指出，语间同形词的抑制效应存在于双语词汇视觉识别实验（bilingual's visual word recognation）中，存在于词汇听觉识别中，也存在于词汇产出过程中。实验者进行了两个实验，实验一用于探讨刺激列表是否（排除其他因素）会对同源词效应产生影响；实验二旨在研究哪种刺激列表会对同源词效应产生显著影响，其效应方向与程度又是如何的。实验一设计了两种版本的刺激列表，第一份列表为标准同源词词汇判断刺激列表（standard version）（Dijkstra et al.，1999），包含同形同源词、英语控制词及假词，研究者期望能通过这个列表观察到同源词促进效应；第二个列表为混合列表版本（mixed version），包含相同的同源词、英语控制词及语间同形词，其中将第一份列表中的假词替换成了英语发音的假同音词及荷兰词，研究者期望在第二个列表中观察不到同源词效应，甚至观察到同源词抑制效应。实验一中有效的荷英双语参与者共有40位，根据刺激列表分为两组，其中26位男性，平均年龄为26.23岁。实验前，参与者对双语进行了主观评分，并且做了LexTALE 词汇测试，测试佐证了上述评分的科学性。实验材料为上述提及的各种词汇，所有词汇均为3—8个字母长度，英语词汇与荷兰语词汇词频均在2—600的百万次发生率（occurrences per million）区间内，即便其中6个荷兰语语间同形词少于2，3个英语语间同形词少于2，研究者认为参与者对上述词汇的主观词频较高。研究者邀请了90位不参与正式实验的荷英双语者对所选取的65个同源词，80个语间同形词和80个英语控制词（包括荷兰语译词）的词形、词音、词义相似度进行主观评分，每个词项至少由11位双语者打分。在最高分为7分的量表中删除了词义相似度低于6分的同源词及英语控制词，删除了词义相似度高于2.5分的语间同形词，删除了词形相似度高于2分的英语控制词，之后用软件对所选词汇进行词频、词长取对数分析处理及莱文斯坦距离测量等一系列检测之后，决定了由112个词汇组成的标准刺激列表（同源词与英语控制词），以及由168个词汇（在标准列表基础上加上语间同形词）组成的混合刺激列表。研究者还给每个版本配备了相应数量的假词，标准版本中的112个假词是基于真词由多语假词产生器提供的无意义却能拼读的假词；混合版本中的140个假词为具有英语发音（English-sounding）的语音假词（pseudohomophone），剩余28个为来自 SUBTLEX-NL 数据库的荷兰假词。在两个刺激列表版本中，假词与真词具有一一对应关系。实验一分三个步骤进行，分别为英语词汇判断、英语 LexTALE 测试与荷兰语 LexTALE 测试，参与者被随机分配到不同的词汇版本，采用 Qualtrics Reaction Time Engine（QRTE）软件的15版（共18人，其中8人分配到标准版，10人分配到混合版）和16版（共23人，其中12人分配到标准版，11人分配到混合版）分别进行词汇判断实验，正式实验开始前，参与者进行16—24词的练习环节。正式实验中，参与者对英语真词词汇进行"是"的判断，对假词进行"否"的判断，对荷兰语词汇也进行"否"的判断。所有词汇分成8组，标准版每组28词，混合版每组42词，组间休息10秒钟，呈现方式与普通词汇判断范式相同，每组最初4—6词为非同源词且非英语控制词，所有目标词汇持续时间到参与者做出判断或者2000毫秒为止，每个词汇流程间隔500毫秒。研究者用R语言中的lme4软件包对实验一的数据进行了证实性假设检验（confirmatory hypothesis testing）与似然比检验（likelihood ratio tests），其中 2×2 分析包含两个固定效应：词汇类型（同源词与英语控制词）与词汇版本（标准版与混合版）。对实验一结果进行效应编码（effect coding）分析，发现同源词促进效应受到刺激列表成分影响：与控制词对比后发现，标准版的同源词促进效应为31毫秒，而混合版的同源词促进效应慢8毫秒。此外，混合版中的语间同形词的平均反应速度比英语控制词慢43毫秒，出现了抑制效应。实验二分别检测了5种不同词汇版本对同源词促进效应的影响，研究者给每种版本词汇招募了至少20位参与者，总计107位参与者参加了实验二，在计算正确率之后提供有效数据的参与者共计100位，其中44位男性，平均年龄为25.1岁，平均英语熟练度为17年，对荷兰语熟练度自我评分为9.6分（总分10分），英语为8.7分，打分同样由LexTALE证实有效。实验材料中词汇的选择方式基于实验一，5种版本的刺激列表如下：第一种为实验一的标准版词汇；第二种为实验一的混合版词汇；第三种为用荷兰语词汇替换掉某些规范假词的荷兰语词汇版（DW版）；第四种为包含语间同形词的版本（IH版）；第五种为用语音假词（pseudohomophone）替换掉所有普通假词的版本（P版）。实验二的正式实验步骤与实验一相同，参与者在遇到荷兰词汇时需要做出"否"的判断。研究者对实验二的分析同样采用证实性分析与似然比检验，进行了两个固定效应的 5×2 分析，其中5指的是词汇的5种版本。研究者用Helmert编码对版本进行对比分析，用效应编码对词类进行对比分析。实验二的结果表明同源词在标准版本中相较于英语控制词具有显著的促进效应，而在混合版中的促进效应不明显，在拥有荷兰语词汇的版本中的促进效应也不明显。此外，研究者发现在流程顺序为荷兰语词汇—同源词时，同源词促进效应受到影响，导致参与者对同源词判断的反应时变慢，然而在语音假词版本中，同源词促进效应并未受到严重影响；在混合版中，语间同形词跟控制词比对，存在抑制效应，而在 IH 版中，该效应不明显。

除了上文提到的几个比较重要的实验范式及对语间同形词主要关注点的研究之外，学界对语间同形词的研究范式几乎与同源词的研究范式相同，以语间同形词为目标的具体研究只做了实验设计上的偏向。下文将围绕刺激列表对语间同形词抑制效应的影响来介绍语间同形词的几个研究范式，主要着眼点为刺激列表与范式之间的协同作用及研究结果，每个范式的具体步骤及配套设备可参考上文同源词研究范式。一般来说，二语研究中，语间同形词的反应速度往往比控制组词汇更慢（Dijkstra，2009），体现出了"假朋友"抑制效应，甚至该效应也跟二语熟练度有关：斯格本（Schulpen，2003）进行了一个荷英跨区域（cross-sectional）研究（跨词形与词音），将研究对象分成 4 个小组：15—45 岁的高中生（2组）、大学生（1组）、大学工作人员（1组）。实验者让所有人完成了三项词汇判断任务，分别为包含语间同形词与控制组词汇判断、不含荷兰语的英语词汇判断、普通荷英词汇判断。前两个任务中，参与者被告知，如果目标词为英语词汇，参与者按"是"的按键，如果目标词为荷兰语词汇或者为假词汇，按"否"的按键；在最后的任务中，如果目标词为英语词汇或荷兰语词汇的话，参与者按"是"的按键。实验结果表明，不同年龄组有不同表现型（result patterns），二语熟练度越高，参与者对语间同形词的反应速度越快，准确率越高。即便如此，在包含荷兰语词汇的英语词汇判断中，所有参与者对语间同形词的反应速度更慢。范·赫芬等（van Heuven et al.，2008）通过 fMRI 手段观察了语言冲突（language conflict）现象，进行了 ELD 与 GLD 两种词汇判断实验：前者为英语词汇判断（English lexical decision）实验，参与者需要通过判断词汇是否为英语来按下"是"或"否"的按键；后者为普通词汇判断（generalized lexical decision）实验，参与者需要判断词汇是否为真词来选择按下"是"或"否"的按键。实验有趣的地方在于能够使上述两个词汇判断实验范式结合刺激列表与参与者来判断单语者与双语者就语间同形词表现出的语言冲突情况。目标词由 36 个语间同形词与相同数目的英语控制词加上 72 个补充词，一共 144 个单词组成，此外加上 144 个假词与 144 个非词一共组成了 432 个单词的刺激列表。研究者使用相同的刺激列表共进行了三个实验：实验一为 ELD 实验，由 12 位二语熟练度高的荷英双语者进行；实验二为 GLD 实验，由 12 位二语熟练度高的荷英双语者进行；实验三为 ELD 实验，由 12 位英语单语者进行。此外英语单语者还进行了词汇命名实验，结果表明，在该实验与 ELD 实验中，英语单语者对语间同形词与控制词的反应时并无显著差别。三个实验结果表明，在双语者进行二语阅读时，两种语言均被激活，并且双语者无法对非目标语进行抑制，即无法避免来自非目标语的干扰，然而，语言对行为层面的干扰仅在非目标语信息导致参与者做出反应而产生冲突时被观察到。实验结果在神经元层面的表征如下：由于语音及语义歧义信息的产生，基于刺激的语言冲突相关区域为左下前额叶 LIPC），而基于回答的语言冲突相关区域为辅助运动前驱（pre-SMA），扣带皮层（ACC）与基底神经节（basal ganglia）。弗兰奇和奥内左格（French & Ohnesorge，1995）采用词汇判断（primed lexical decision）范式研究了法英语间同形词。[①] 研究者所选用的刺激列表由 45 个语间同形词、45 个同源假词、300 个法语真词、300 个法语假词组成。48 位参与者被分成 2 组，分别进行了法语词汇判断实验及混合词汇判断实验，法语组共有 450 个词汇，跟混合组相同，只不过混合组的补充词汇为法英各占一半。研究结果也为双语词汇的非选择性通达提供了证据。戴克斯特拉（Dijkstra et al.，2000）基于低频英语词与高频荷兰语词对荷英双语语间同形词进行了未预先告知的英语词汇判断

---

① 事实上，他们的研究目标词为非同源双语同形词（non-cognate bilingual homographs）。

实验（参与者仅通过练习环节才了解到需要对荷兰语真词也要做出"否"的选项）。刺激列表总共有 448 个单词构成，其中包含 56 个语间同形词（分为荷兰语高频词—英语低频词、荷兰语低频词—英语高频词、荷兰语高频词—英语低频词、荷兰语低频词—英语低频词）、56 个控制词、112个英语补充词汇、28 个荷兰语补充词及 196 个假词。实验包含两部分，第一部分的刺激列表中包含 28 组词汇，每组 8 个词，除了第一部分的最后一个语间同形词与第二部分的第一个控制词属于英语低频词—荷兰语高频词之外，所有的语间同形词和控制词的词频都是随机分配的。第一部分每组包含 1 个语间同形词与 1 个控制词，剩下 6 个为补充的英语词及假词。研究者制作了 28 个词汇列表，分别包含本次实验的目标词汇，在第一部分中向参与者展示的语间同形词到了第二部分就会展示其控制词，反之亦然。荷兰语词汇仅出现在第二部分（即第一部分 224 个词汇展示完毕后出现），紧随荷兰语词汇之后的为英语补充词汇或假词，随后为英语低频词—荷兰语高频词类别中的语间同形词或控制词。实验结果表明在第一部分中，语间同形词和控制词之间的反应时并无显著差异，然而在第二部分中却发现了显著的语间同形词抑制效应，由于荷兰语词汇的介入，语间同形词的反应速度较控制词变得更慢。施察茨等（Smits et al., 2006）通过对荷英双语者进行词汇命名（word naming）实验，也发现了刺激列表对语间同形词抑制效应的影响：在参与者用英语对荷英语间同源词进行命名的过程中，假如刺激列表中包含双语词汇，那么荷兰语熟练度高的参与者对语间同形词命名时间更长，用荷兰语进行命名的比率越高，错误率也越高，对荷兰语词汇命名速度要比对英语词汇命名速度慢；假如刺激列表中仅包含英语词汇与语间同形词，那么尽管语间同形词错误率较控制词高，然而抑制效应不显著。德·格鲁特、德尔马和卢普克（de Groot, Delmaar & Lupker, 2000）对语间同形词进行了翻译识别（translation recognition）及词汇判断实验，一共进行了三个实验，实验一为翻译识别实验，参与者为 72 位荷英双语者，母语为荷兰语，英语为其熟练度最高的外语。参与者需要对呈现给他们的翻译词对进行判断，对翻译对等的词对做出"是"的判断，而对非翻译对等词对进行"否"的判断。72 位参与者分成两组，对其中 36 位呈现首位为语间同形词的刺激（如英荷词对 glad-blij 或荷英词对 glad-slippery），对另外 36 位呈现末位为语间同形词的刺激（如荷英词对 blij-glad 或英荷词对 slippery-glad）此外，对每 36 位参与者中的 18 位，语间同形词目标阅读的判断为荷兰语词词义（如 glad-slippery 或 slippery-glad），对另 18 位的目标阅读判断为英语词义（如 glad-blij 或 blij-glad）。在实验过程中，末位词在首位词呈现 240 毫秒后再于首位词下方呈现，便于反映出参与者对两个词的真实加工情况。实验结果表明，语间同形词对其非目标阅读的判断产生了抑制效应，然而当语间同形词位于末位时，抑制效应不显著。与此同时，实验还表明，词频高的词产生的抑制效应更明显，抑制效应在熟练度高的语言中不明显。基于相同的实验材料，在实验二中，参与者对目标词进行是否为英语或荷兰语的判断，结果表明，在荷兰语词汇判断中，低频词中的语间同形词抑制效应更明显，在英语词汇判断中却没有观察到抑制情况。实验三中，研究者分别从两种语言判断任务的刺激列表中的 96 个假词中取 32 个词并将其替换为另一种语言后让参与者进行实验二的词汇判断，结果表明，英语组和荷兰语组差别不大，低频词中的语间同形词抑制效应更明显。然而，即便从整体上能得出上述抑制效应结论，在具体分析过程中，不论是英语组还是荷兰语组均有参与者反应出了促进效应。因此，可以说德·格鲁特和卢普克（de Groot，Delmaar，Lupker，2000）的三个实验并非为检测语间同形词效应而专门设计的。

综上所述，可以初步得出结论，在二语词汇习得同源词研究中，语间同形词在二语习得过程中存在抑制效应，主要在两种语言同时加工的情况下出现，一般在刺激列表中同时具有双语词汇时可以被显著观察到。此外，语间同形词抑制效应与双语熟练度有关，在平衡双语的未成年人中，语间同形词会对优势语产生抑制效应，而在非平衡双语的二语者中，语间同形词会对二语熟练度低的二语者产生抑制效应，该效应随着二语熟练度增加而减少。

语间同形词研究与同源词研究密不可分，两者均证明了双语词汇的非选择性通达，并且在熟练度高的二语者中，它们具有类似的促进效应，而在熟练度不同的情况下，前者会阻碍后者的加工过程。因此在同源词研究中，根据具体研究目的选择加入或规避语间同形词及类似词汇也是同源词研究实验中需要控制的一个重要变量。因此，同源词研究不论是在目的词汇语种、刺激列表选择上，还是在语言熟练度与参与者年龄控制上，对语间同形词及其类似词汇的搭配研究都将有助于丰富并完善同源词习得研究成果。除此之外，除了词义不同这一区别于同源词与语间同形词概念的标准外，其词形相同的部分还会涉及上文提及的语素意识。事实上，就语素与单词之间的构成关系来看，针对多语习得语素意识的研究将同时包含同源词与语间同形词两个概念，因此，在今后多语词汇习得研究中，也可用语间同形词作为同源词的上位词概念来专门指称语言间形状相同或相似的词汇，而后再分为同源词、非同源词、"真朋友"、"假朋友"等具体概念。

第七章　三语习得同源词研究

三语习得同源词研究主要基于三语词汇研究框架，采用的研究范式可借鉴二语同源词研究方法。因此，本章将结合二语习得同源词研究成果来对照梳理三语同源词研究概况，以及基于同源词、语间同形词与语素意识等概念初步研究国内三语习得者在三语词汇加工中的同源词效应与语素意识。

一、国外三语同源词研究概述

一般认为，三语习得脱胎于二语习得，由此可知，三语习得同源词研究较二语习得更晚。早在 1992 年，加里特利、布彻和达里亚纳尼（Galletly，Butcher & Daryanani，1992）研究了超文本阅读对 CALL 系统发展的作用，以英语、西班牙语、法语三语为研究对象，认为读者能借助同源词在三语散文阅读浏览中明白文章的含义，从而提升自身的阅读能力。基于上文三语习得词汇研究的总结和二语习得同源词研究，可以发现，国外对三语同源词研究主要的关注点在其跨语言影响。赛诺斯（Cenoz，2001）发现同源词比功能词汇在语间更能发生迁移现象；在对语言类型距离的分析中，梅豪（Maimone，2017）表示语言距离不仅是指整个语言系统的相似度及其遗传相关性（genetic relatedness），同样也指语言特定项的相似度。德·安吉利斯（de Angelis，2007）指出两个相关的语言可能存在形式上的相似，包括形式特征或者部件的相似。由此得知，语言相关度不仅仅包括特定结构的相同，还应该包括语言在形式或语义上的重合（overlap）。为此，豪尔（Hall，2002）提出了词汇发展寄生模型（Parasitic Model of Vocabulary Development），指出单词学习是将一语、二语或三语中心理词汇的既有信息与新输入信息之间的相同之处进行无意识并自动探测的驱动过程。基于上述模型，三语同源词在学习的初级阶段将凭借其与一语、二语的语音及正字法的相似点，并以此作为符合学习者对词形、词义、句法表现假设的寄生连接而储存于学习者的长期记忆中。尽管上述模型并未对同源词习得、同源词效应做出系统性的描述，在三语词汇习得方面算是比较理论化的一种模型了。

国外三语习得研究中的同源词研究同样以实验为主导。豪尔等（Hall et al.，2009）研究了一语为西班牙语、二语为英语的说话者是否会在学习法语或德语（三语）的时候，假定类型距离更接近的同源动词的共享句法框架（syntactic frame）。研究者发现当三语与一语或二语的语言类型距离相近时（以同源词为例），语言类型为影响迁移的首要因子。然而，当在三语中缺少一语与二语的同源词地位时，参与者更倾向从二语中获得迁移（二语地位）。在二语和三语词汇产出过程中同样能观察到同源词促进效应，具体体现在参与者会尽可能多地使用所要求语言的同源词来命名图片。范·赫尔和戴克斯特拉（van Hell & Dijkstra，2002）发现三语者的同源词效应（cognate effects）（还有同音词启动效应）（张群星、董燕萍，2012）只存在于一语中，当且仅当在较弱语言的熟练度相对高的情况下才表现出来。他们的研究对象为荷兰语、英语、法语三语者，所有研究对象的一语为荷兰语，二语为英语且熟练度高（higher proficiency），三语为法语。在实验一中，参与者对一语（荷兰语）进行了词汇判断实验，发现在荷英同源词中存在促进效应，在荷法同源词中则没有该效应。在实验二中，招募的三语（法语）学习者的熟练度更高，发现在一语与二语（荷英同源词），一语与三语（荷法同源词）中均存在同源词促进效应，说明对成年人来说，二语或三语的相对语言熟练度对一语的同源促进效应的影响。在此基础上，勒哈弗尔、戴克斯特拉和迈克（Lemhöfer, Dijkstra & Michel，2004）通过对荷兰语、英语、德语三语者进行德语词汇判断实验后证实了三语词汇的非选择性通达。其中实验材料由德语控制词、荷德（非英）同源词与荷英德三语同形同源词组成。他们在荷德同源词的词汇判断中发现了同源词促进效应，而在三语同形同源词判断中发现了更大的同源词促进效应，因此，假如三种语言中存在同源词，那么同源词促进效应会得到增强（Dijkstra，2009）。莫尔纳（Molnár，2010）通过对母语为匈牙利语、二语为罗马尼亚语、三语为英语的三语者进行英语词汇测验来检测三语者中是否存在同源词促进效应，研究者将参与者分为两组，并让其中一组参与者进行了罗马尼亚语（二语）和英语（三语）的词汇结构关系学习，结果发现，学习组的同源词测试结果比控制组好很多，并且二语熟练度越高，测试准确率越高，结果符合绍博（Szabo，2016）的结论。然而，后者指出，随着年龄、语言熟练度的提高，同源词效应在多语者中的表现会有所不同。基于莫尔纳（Molnár，2010）的研究结果，绍博（Szabo，2016）对比了母语为匈牙利语、二语为罗马尼亚语、三语为英语的多语者的词汇测试结果，发现二语词汇量大的参与者也拥有较大的三语词汇量，并且基于词汇量能反应语言熟练度的情况，研究者发现二语和三语语言熟练度达到中等水平或以上的研究者并未显现出同源词优势，他们能对同源词进行内在识别，并不需要进行明确的学习（explicit instruction）。然而，研究者在一语和二语的词汇测试中观察到了同源词促进效应，并且发现不论是一语还是二语，它们跟三语之间的联系都非常密切。阿帕里西奥和拉沃尔（Aparicio & Lavaur，2016）对一语为法语、二语为英语、三语为西班牙语的多语者进行了掩蔽翻译启动范式实验，他们招募了 24 位母语为法语、二语和三语不平衡的参与者分别对搭配不同掩蔽启动项（重复项、非同源且非语间同形词的非母语翻译词项与三语不相关词项）的二语和三语词汇进行判断，研究结果展示了启动项与目标词的极大关联，重复词汇效应在二语和三语词汇判断中非常明显。然而，翻译启动效应仅在启动词为一语时有所体现，而二语或三语的翻译词启动项均未观察到相应的效应。实验结束后，研究者在对参与者的语言测试中发现参与者的英语普遍比西班牙语熟练度更高。上文对同源词的研究也体现出了一语对二语和三语的影响（Lemhöfer，Dijkstra & Michel，2004），或许今后的研究也能在上述掩蔽启动词汇判断实验中加入同源词启动项来具体分析二语对三语的迁移影响及同源词效应。不过在勒哈弗尔、戴克斯特拉和迈克（Lemhöfer，Dijkstra & Michel，2004）研究中并未专门提及二语同源词对三语的影响，只是说明了在母语的影响下，三语共同同源词体现出了更强的促进效应，由此可以推断，同源词在二语和三语间也存在促进效应。基于勒哈弗尔、戴克斯特拉和迈克（Lemhöfer，Dijkstra & Michel，2004）研究的实验结果，舒布科-斯塔里克（Szubko-Sitarek，2011）同样也发现了一语对二语和三语的同源词促进效应。此外，在实验二中也发现了二语对一语的影响，证明了在三语者的语言系统中，二语处于比较关键的位置。

将上述分析结合二语同源词研究分析，我们可以发现，三语和二语的情况有所不同，二语词汇习得研究基本能说明同源词促进效应、"假朋友"抑制效应的存在，并且能指出导致促进效应或抑制效应发生的条件。而三语研究中，由于另外一门语言的加入，研究者通过实施不同的实验范式有可能得出不同的结果，究其原因，主要为三语研究中所需要控制的变量较二语研究更为复杂，这既是研究的困难所在，也是深入研究的必要性所在。由于欧洲多种语言间语言类型距离两两间相距不大，无疑给研究者对变量的控制增加了难度，即便是与大部分欧洲语言相去甚远的巴斯克语在形态上还是采用拼音文字为书写载体。除此之外，由于欧洲各国之间交流频繁，很难找到语言背景相对单纯的学习者。对于以上两点，我国国内母语为汉语的研究对象就能很好地进行规避，因此有必要了解一下国内三语同源词研究情况。

二、国内三语同源词研究概述

国外学界极少关注亚洲学生在亚洲本土国家中的同源词习得情况（Zhu & Mok，2018），因此国内对词汇通达、词汇记忆、词汇跨语言影响研究的关注点主要应当集中于研究对象的特殊性上。国内学界对三语同源词研究关注度较少，因此，国内三语习得研究还处于方兴未艾的阶段。长期以来，二语习得研究中语种不仅限于第二语言的观点、语言类型距离等因素导致了早前国内研究者将非英语语种均归于二语，比如，王悦、张积家（2014）在研究中所招募的大学日语系本科生为汉日双语者，然而，不论是从大学生对外语的接触，还是高等教育对大学生的英语学习要求来看，日语应当为日语专业学生的三语。国内非英语外语专业学生所具有的特点之一为经由大学四年对相应外语能力的集中培养，其三语能力多数会超过二语能力。基于母语地位的特殊性及母语与外语类型距离较大的特点，非英语外语专业的学生在外语学习过程中的二语具有特殊地位，也是一个比较有意思的研究对象。王悦、张积家（2014）对中日双语者进行了掩蔽翻译启动范式研究，参与者为日语不熟练者，尽管并未提及参与者的英语熟练度，然而基于中日两种非拼音文字语言，对同形词与非同形词的考量具有一定的研究价值，甚至能为国际中文教育研究提供方法论借鉴。研究结果表明了中文词和日文词之间存在翻译启动效应；双语同形词之间存在对称的启动效应；在不对称启动过程中，中文词对日文词的启动效应显著大于日文词对中文词的启动效应；对于中日同形词，任务类型对掩蔽翻译启动效应影响不显著，而该效应对中日非同形词来说则具有重要影响。从古至今，中日交流频繁，因此，中日同形词基本上可以被认定为同源词，非同形词则为翻译对等词。可以说，在母语为汉语的三语研究中，中日同源词研究为一语和三语研究的一个特例，反映了一语到三语的同源词促进效应。

国内三语习得研究的特殊性在于它包含少数民族的外语习得研究，因此，国内三语同源词研究还可以分为少数民族英语同源词研究和汉语母语者外语习得中的同源词研究。在少数民族英语同源词研究方面，陈佳昕等（2019）对维吾尔语、英语双语者进行了同源词和非同源词的掩蔽翻译启动效应，发现非平衡维英双语者同源词启动效应显著，而方向效应不显著，非同源词效应和方向效应均显著。在维吾尔语和英语两个方向上，同源词启动效应均大于非同源词启动效应，并且同源词两个方向的跨语言启动效应具有对称性，而非同源词反方向的跨语言启动效应具有不对称性。陈佳昕等的研究与上文中日同源词研究一样并未说明参与者的汉语熟练度情况。国内三语情况复杂，少数民族的母语为其民族语言，然而多数汉族人的母语为方言，二语为普通话，三语则为英语，莫碧琪团队（Zhu & Mok，2018）对一语为粤语、二语为英语、三语为德语的多语者进行了三个词汇判断实验。研究对象分两组，均来自香港，较早开始（大多数从幼儿园开始）接触英语，二语熟练度相当高，第一组为三语者，三语仅学习了 6 个课时，课外用于学习的时间不到 1 小时，因此相对来说三语熟练度远远不如二语；第二组为二语者。研究材料为二语和三语的同源词、非同源词、二语、三语假词和语间同形词等。实验一的两组参与者，分别为三语者和二语者，进行了英语（三语）词汇判断实验；实验二的参与者为三语者，进行了德语（二语）词汇判断实验；实验三的参与者为实验一和实验二的三语者，刺激列表由 16 个德英同源词及其控制词汇、18 个德英语间同形词及其控制词汇、68 个德语假词组成。实验一结果验证了与二语类似的同源词促进效应；实验二并未发现同源词促进效应，然而却发现了三语（英语）对二语（德语）的同形同源词抑制效应，与二语习得研究中不熟练二语对母语的同源词抑制效应相仿（Bice & Kroll，2015）；实验三体现出了同源词反应速度比语间同形词快，以及高频语间同形词影响了参与者对非目标词的判断。

在国内母语为汉语的三语习得者的同源词研究中，翟永庚（2015）分析了德英同源词、外来词与复合词的构成规律，提出了同源词在德语教学过程中的应用。赵燕（2016）介绍了法语学习中的英法同源词和"假朋友"，并提出英法互译中需要合理运用同源词"真朋友"，避免"假朋友"及"半真半假"朋友的干扰。胡荃（2019，2020）分析了俄英同源词语义演变过程，探寻了语义演变异同的基本趋势，分析了俄英同源词意义差异，提出俄英同源词的意义差异既可反映出俄语和英语的语言特性差异，也可反映出俄英两个民族的不同民族精神。王煜、赵秋野（2019）分析讨论了三语心理词汇理论和模式，结合同源词现象，分析了俄语零起点学生三语心理词汇阶段变化，尝试建构汉-英-俄三语心理词汇模式，给俄语专业零起点学生的英语词汇习得以启示。事实上，在国内三语习得研究中，凡是提及词汇习得的相关研究文献均离不开同源词或与同源词相关的词汇概念（如语间同形词等）的迁移现象（贾冠杰，2008；史冬梅，2009；热比古丽·白克力等，2012；刘松显，2019；赵薇，2019a，2019b；徐锦芬、杨柳，2019；申冬宁，2006）。除此之外，对三语习得语言磨蚀现象的研究也常以同源词为研究材料。目前来看，国内对语言磨蚀的研究主要为英语磨蚀：杨珊珊（2013）以高校英语为第二外语教学，分析了三语学习者在学习英语的过程中会产生专业外语及母语的磨蚀现象，提出了基于磨蚀理论的英语教学策略；庄晓玲（2018）通过对三语学习者的二语情况进行问卷调查和水平测试，得出在三语语境下，二语词汇磨蚀明显，三语类型影响不显著，二语习得顺序作用显著，二语不同词类、频率对受蚀程度影响程度不同。倪传斌、张之胤（2011）以英法同源词为实验材料，选取两组参与者进行实验，分别为三语为法语的英语专业学生及三语为日语的英语专业学生，以三语为日语的学生进行对照，发现三语为法语的参与者对英语词汇的反应时较三语为日语的参与者慢，且日语组的正确率明显高于法语组，因此，研究者得出了结论：语言距离越近，三语对二语的逆向影响越大；处于低熟练度的三语也可能对处于较高熟练度的二语产生逆影响。研究者还在文中提及，在三语习得研究中，同源词效应研究存在不同的研究结果，即三语同源词既存在促进效应，又存在抑制效应，从本书对同源词研究的介绍和概括来看，由于在词汇选择上及参与者变量控制上存在差异，同源词效应可能存在不同的表现方式，即便在二语研究中，研究者都能观察到看似矛盾的正向与逆向的同源词效应（Bice & Kroll，2015），因此，针对更为复杂的三语习得研究，结合实验目的对变量进行更好的控制，合适的研究范式显得尤为关键，这也是三语同源词研究的魅力所在。

近几年，国内也开始对三语词汇的通达问题进行研究和讨论。金晓兵（2016）对母语为汉语、二语为英语、三语为德语的三语者进行了阅读眼动实验研究，观察到了二语到三语的同源词促进效应（二语语形的自动激活），以及语义限制条件在早期能影响二语语形的浅层激活，且在加工三语时对二语语形自动激活的控制强度方面，低水平三语者倾向于浅层控制，而高水平三语者更倾向于深层控制。研究符合国际三语研究表征和通达的一般结果。田凌云（2020）对不平衡汉 - 英 - 德三语者进行了英语名词和动词的词汇判断实验，发现同源名词产生了抑制效应，而同源动词则没有影响。研究者招募的参与者来自大学德语专业，年龄 18—26 岁不等，根据大学外语学科的设置来看，他们平时学习德语的时间要远多于英语，对国内非英语外语专业有所了解的研究者来说，1 年非英语专业的学习对专业外语的能力提升是非常大的，18 岁一般为零基础到初级水平的年龄，19 岁则为中级水平的年龄段，因此，我们认为在参与者的筛选过程中需要更加细致的分类。即便如此，实验结果所表明的同源词存在三语到二语的抑制效应也符合一贯的非英语外语专业学生的学习情况，田凌云（2020）的研究也证实了词汇的非选择性通达，并且指出不同句法类别词汇在两个语言中具有不同的表征。

通过上文的分析，我们发现，在欧洲语言同源词研究中，由于三种语言之间语言类型距离两两之间更为相近（与母语为汉语的三语者相比较），同源词效应同参与者的语言熟练度有更大的联系，在语言熟练度更高的两种语言之间往往能观察到同源词促进效应，并且该效应在同源词为三种语言共有时得到了加强。目前来看，国外对同源词抑制效应的研究不多，普遍认为同源词在三语中存在促进效应。然而，国内对三语同源词的研究表明，在语言类型距离不同的情况下，同源词促进效应存在于一语与三语、二语与三语之间。与此同时，同源词在三语到二语加工过程中还体现出了抑制效应，但国内外对语间同形词在三语习得中的影响研究不如二语习得研究多，因此，对更为复杂的三语习得来说，其同源词研究尚有很大的开拓空间，而对同源词概念所涉及的词汇三要素概念的细化研究或许能在对研究资料的变量控制上有所突破，如语间（非）同形词、语间（非）同音词、语间（非）同义词。由此观之，基于相对成熟的研究范式，结合元语言能力（如语素意识）的研究似乎可以作为同源词研究的切入点。

三、三语习得英西同源词研究

二语同源词研究中比较常见的语言为荷兰语和英语，其他语言的同源词研究也渐渐地按照荷英研究的范式兴起。除了历史语言学对同源现象的关注之外，英西同源词研究较早出现在词汇教学中：蒙塔约·罗德里格斯（Montaño Rodríguez，2009）回顾了大量同源词教学研究，以墨西哥下加利福尼亚大学为基地，通过对语言中心 44 位外语教师的问卷调查，对 18—40 岁的墨西哥学生英语课堂（6 个级别，每节课 50 分钟）的观察，以及对三组共 67 位墨西哥学生的分析等，从社会维度、少数民族维度和实验维度进行考察，认为英西同源词在高校或机构中的英语教学、英语学习中起到了举足轻重的作用。冈萨罗·佩雷斯（Gonzalo Pérez，2016）基于语间同义同源词（cognado sinonimico interlinguistico）概念对英国 26 名高中生（二语为西班牙语）进行了研究，其中 12 人的西班牙语熟练度为 A1—A2 水平，14 人为 B1—B2 水平。研究者通过线上问卷的形式，发现参与者对语间同义同源词的认同率处于较高的水平，从而得出语间同义同源词有助于英语为母语者的西班牙语作为二语的词汇学习。

实证研究方面，西班牙语为美国的第二语言（甚至绝大部分公立学校学生的母语为西班牙语），因此，美国对西班牙语研究颇为重视，其中也不乏英西同源词研究，凯利和科纳特（Kelley & Kohnert，2012）对美国一语为西班牙语的儿童做了同源词翻译实验后发现，在学习了 4—8 年英语后，8—13 岁正常发育（typically developing）的儿童在词汇测验中体现出了同源词优势。玛丽卡尔琼等（Mallikarjun et al.，2017）分析了美国一语为西班牙语的英语学习者的心理词汇和教学联动情况，指出双语心理词汇的互相连通能使双语者在一语和二语中建立联系并自我积累（boostrapping），在此过程中，同源词促进效应尤其在二语熟练度低的二语者中有所体现。普罗科特和莫（Proctor & Mo，2009）对南加利福尼亚州 30 名四年级学生做了英西同源词意识测试及阅读理解研究，参与者分为两组，其中一组为 14 人，他们一语为西班牙语，二语为英语；另一组为 14 人，为英语母语者。研究发现，双语者的正确率表现要优于单语者。劳罗和施瓦兹（Lauro & Schwartz，2019）对来自德克萨斯大学英西高熟练度的双语者（几乎为平衡双语者）分别进行了英语和西班牙语句子阅读中指代加工的眼动研究，英语阅读组表明研究者在句子核心名词的选择上及在指代对象为同源词的代词上体现出了同源词促进效应；西班牙语阅读组体现出了同源词促进效应，此外还发现同源词促进效应的发生与最近指代的名词相关。

上述英西同源词描述多为二语习得中的同源词研究，即便如此，对国内二语为英语、三语为西班牙语的英西同源词研究依然有巨大的参考价值。国内大多数英西词汇研究并未提及同源词，并且国内关于英西词汇习得及比较研究多以二语习得领域中的迁移理论为支撑（田申、林永伟，2008；毕井凌，2011；朱俊璇，2011；吴建设等，2015；黄骏钊，2017；腾悦，2018；杨敏，2018；赵天宇，2018；郑昕，2018；陈智平，2019）。基于本书的研究资料、语言环境、相关理论、研究范式等，本节将介绍国内三语习得中英西词汇的掩蔽启动研究。研究以国内大学西班牙语专业学生为研究对象，对国内三语习得同源词研究进行初步探索，希望以此为基础，为深入讨论国内三语习得同源词研究抛砖引玉。

国内较早的同源词研究成果为朱俊璇（2011）的论文《英西词汇比较与中文西语词汇教学》，文章分析了英语语言基础对西班牙语词汇中常见的"假朋友"和英语外来词的学习及影响，对英语和西班牙语词源、发展及构词方式进行比较，结合构词法对国内西班牙语常用教材中的词汇进行分析并提出教学建议。作者分析了《现代西班牙语》第一册英语词汇的"朋友词"（palabras amigas），认为该类词对学生来说并非完全陌生的词汇，因此面对这些词汇，学生更能理解、背诵和记忆。分析指出，在《现代西班牙语》第一册 24 个单元的 928 个生词（包含固定短语）中，有 86 个单词与英语词汇具有相同（或相近）的形状和含义，其中名词占大多数。（见表 7-1）

表 7-1 《现代西班牙语》第一册生词表中的同源词

西班牙语	英语	西班牙语	英语
accidente	accident	extremo	extreme
acompañar	accompany	familia	family
actividad	activity	farmacia	pharmacy
adaptación	adaptation	guatemala	guatemala
ambulancia	ambulance	frecuentemente	frequently
America Latina	Latin America	hospital	hospital
Argentina	Argentina	hotel	hotel
argentino, na	Argentinian	idea	idea
arquitectónico	architectural	importancia	importance
artículo	article	importante	important
balcón	balcony	inteligente	intelligent
Barcelona	Barcelona	internacional	international
barroco	baroque	justo	just
café	coffee	marchar	march
castellano	Castilian	medicina	medicine
cereal	cereal	memoria	memory
Cervantes	Cervantes	metro	metro
China	China	necesitar	necessitate
champú	shampoo	noviembre	november
coca-cola	coca cola	número	number
color	color	piano	piano
compañero	companion	planeta	planet
complicado	complicated	plaza	plaza
frecuencia	frequency	preferir	prefer
conversación	conversation	presentar	present
cruel	cruel	principio	principle
cultivar	cultivate	profesor	professor
cultura	culture	prohibir	prohibit
diferencia	difference	representar	represent
diferente	different	responder	respond
dificultad	difficulty	server	serve
distinguir	distinguish	superior	superior
distribución	distribution	sofá	sofa
distribuido	distributed	taxi	taxi

西班牙语	英语	西班牙语	英语
diverso	diverse	televisión	television
Ecuador	Ecuador	terrible	terrible
dividir	divide	texto	text
ensalada	salad	túnel	tunnel
entrada	entrance	universidad	university
examen	exam	visita	visit
excelente	excellent	visitante	visitant
exposición	exposition	vocabulario	vocabulary

928 个词中同形异义的"假朋友"（falsos amigos）见表 7-2，其中有些"假朋友"部分词义重叠。

表 7-2 《现代西班牙语》第一册生词表中的"假朋友"

区别义	假朋友（英语）	共同义	假朋友（西班牙语）	区别义
羞耻的	embarrassed	无	embarazada	怀孕的
支持	support	支撑	soportar	支撑
事实上	actually	无	actualmente	现在
证明	approve	无	aprobar	赞同、通过
出席	attend	照顾	atender	考虑
个人简历	resume	重新开始	resumen	总结
无	card	卡片	carta	地图、菜单等
无	memory	记忆	memoria	纪念碑
（动词）	notice	通知	noticia	新闻（名词）
假装	pretend	无	pretender	尽力（做某事）

在总结归纳了生词表和"假朋友"后，朱俊璇（2011）基于构词法比较了英西词缀，分析了西班牙语中的英语外来词，并对国内西班牙语教学在教材选择及词汇教学方面提出了建议。回顾上述研究，我们可以看到，在宏观的教学层面，国内西班牙语教学较早地注意到了同源词的重要性，然而该重要性并未得到三语习得同源词实证研究的支持。因此，作为西班牙语教学研究的补充，本书对国内西班牙语专业的学生进行了

掩蔽启动实验，以期在国内三语习得研究中探讨同源词效应及相关启动效应。一方面，可以为国内三语习得同源词研究填补研究空白；另一方面，也是为三语习得研究提供跨语言支持。除此之外，在多语主义背景下，三语习得同源词实证研究将给人们在外语学应用方面提供更科学的理论支持。

本书认为，同源词效应的不同研究结果可能是参与者的语素意识所导致的。为了初步研究同源词效应和语素意识的相互作用，本研究将同源词和语素真假词相结合，对以西班牙语为三语的习得者进行了真假词汇判断实验，分析语素意识在三语同源词习得中的跨语言影响，讨论母语为中文的三语习得者语素意识和同源词效应的关系，以及语素意识的培养与同源词的学习对三语习得的重要性。综上，本研究试图初步探讨以下两个问题：

（a）在母语为中文的三语习得者中是否能观察到语素迁移现象？

（b）同源词在母语为中文的三语词汇习得中存在同源促进效应还是抑制效应？

1. 西班牙语专业四级词汇的同源词分析总结

大学非英语外语专业对学生语言水平的一般要求为在两年学习之后，能用所学语言进行日常基本交流，相对应的词汇要求为掌握3000—4000个单词。结合国内外对语言熟练度达到初级与中级学习者的同源词研究，因此，本书对国内西班牙语中级水平学习者进行了三语习得同源词加工研究，并观察了三语词汇习得是否受到二语同源词的影响。在实验材料选取阶段，本书分析了国内西班牙语专业四级要求掌握的词汇及其所包含的同源词情况。我们罗列了《西班牙语专业四级词汇》（李晓科、程亮亮，2006）中的所有词汇，共约4198个，其中约734个单词与《现代西班牙语（学生用书）》[①]（董燕生、刘建，2014）第一册中的881个单词重叠，剩余147个单词为《现代西班牙语（学生用书）》第一册专属

---

① 区别于朱俊璇（2011）研究中的《现代西班牙语》，本书为新版教材。

词汇。我们将上述词汇用美国国家教科书出版公司出版的《西班牙语同源词词典》（NTC's dictionary of Spanish cognates: thematically organized）（Nash, 1997）[①] 进行一一查询后，在上述 4345 个单词中共获取 2070 个同源词，其中《西班牙语专业四级词汇》有 2014 个同源词，包括重叠词汇的 276 个同源词，《现代西班牙语（学生用书）》第一册专属词汇中同源词为 56 个。

以上述《西班牙语专业四级词汇》中的同源词为基本数据，我们按照词长为 8—9 个字母数、音节数为 3—4 个音节的标准，选取了 48 个同源词。其中，直接选取的同源真词有 28 个，创造的同源假词 20 个，补充词汇为非同源真词和非同源假词各 16 个，所有词汇不包含代词式动词，所测词汇中的词汇变体通过《西班牙皇家语言学院词典》来检验真假。根据上述词汇，本实验制成的刺激列表共由 80 个单词组成。刺激列表中的假词为更换真词字母后所得，分为语素假词和非语素假词。语素假词为给真词添加符合西班牙语正字法规范的语素得到的假词，如 besadora，其中 besar 为"亲吻"的原形动词，-dora 为"- 者"的词缀，besadora 未被《西班牙皇家语言学院词典》收录，因此被认定为假词；非语素假词为在词缀或词根中改变一个字母得到的假词，如 mojer，其真词为 mujer（女人）（Sánchez-Gutiérrez, 2013 : 25）。在进行掩蔽启动实验时，我们对上述刺激列表中的 80 个单词的启动项进行了分类，分别为同源词启动（假如判断词为西班牙语词汇 anunciar，则启动词为其英语同源词 announce）、乱序字母启动（假如判断词为西班牙语词 destruir，启动词为其英语乱序字母 gtbaiddn）和无启动。根据是否为同源词、同源词真假朋友、语素真假词、启动项的标准，本研究将刺激列表中的 80 个单词分成 18 个小组，其中 16 组每组 4 个单词，2 组每组 8 个单词，如表 7-3 所示。

---

① 该同源词词典为分类词典，由于没有具体的词汇列表，因此可能会漏掉个别同源词。

表 7-3　刺激列表分组表

组别	启动方式	每组词汇类型（词汇列表请参见表 7-4）
1	同源启动	参照 4 对英西同源词"真朋友"，判断词为西班牙语真词。
2	同源启动	参照 4 对英西同源词"假朋友"，判断词为西班牙语真词。
3	同源启动	参照 4 对英西同源词"真朋友"，判断词为西班牙语语素假词。
4	同源启动	参照 4 对英西同源词"真朋友"，判断词为西班牙语非语素假词。
5	无启动	参照 4 对英西同源词"真朋友"，判断词为西班牙语真词。
6	无启动	参照 4 对英西同源词"假朋友"，判断词为西班牙语真词。
7	无启动	参照 4 对英西同源词"真朋友"，判断词为西班牙语语素假词。
8	无启动	参照 4 对英西同源词"真朋友"，判断词为西班牙语非语素假词。
9	无启动	判断词为 4 个西班牙语非同源词语素假词。
10	无启动	判断词为 4 个西班牙语非同源词非语素假词。
11	无启动	判断词为 8 个西班牙语非同源词真词。
12	乱序字母启动	参照 4 对英西同源词"真朋友"，判断词为西班牙语真词。
13	乱序字母启动	参照 4 对英西同源词"假朋友"，判断词为西班牙语真词。
14	乱序字母启动	参照 4 对英西同源词"真朋友"，判断词为西班牙语语素假词。
15	乱序字母启动	参照 4 对英西同源词"真朋友"，判断词为西班牙语非语素假词。
16	乱序字母启动	判断词为 4 个西班牙语非同源词语素假词。
17	乱序字母启动	判断词为 4 个西班牙语非同源词非语素假词。
18	乱序字母启动	判断词为 8 个西班牙语非同源词真词。

上表中具体的同源词和启动项见表 7-4。

表 7-4　具体词汇表

启动分类	词汇分类	刺激列表（启动项）
16 个同源词启动词汇	4 个同源词，西班牙语为真词，且为英西"真朋友"	anunciar (announce) distancia (distance) uniforme (uniform) turismo (tourism)
	4 个同源词，西班牙语为真词，且为英西"假朋友"	soportar (support) divertido (diverted) policía (policy) librería (library)

续表

启动分类	词汇分类	刺激列表（启动项）
16 个同源词启动词汇	4 个同源词，西班牙语为假词，且为语素假词	cientista (scientist) adaptivo (adaptive) financial (financial) magical (magical)
	4 个同源词，西班牙语为假词，且为非语素假词	abundente (abundant) involver (involve) noctorno (nocturnal) respector (respecter)
32 个无启动词汇	4 个同源词，西班牙语为真词，且为英西"真朋友"	concierto favorito historia paciencia
	4 个同源词，西语为真词，但为"假朋友"	noticia contestar pretender balance
	4 个同源词，西语为假词（形态学假词汇）	senator circuitar pictorial remediato
	4 个同源词，西班牙语为假词，且为非语素假词	comarada depocitar carpinter briliante
	4 个非同源，西班牙语为假词，且为语素假词	besadora cantista empeción escobante
	4 个非同源词，西班牙语为假词，且为非语素假词	vivianda mientres olfetear alfambra
	8 个非同源词，西班牙语为真词	aburrido bastante camiseta desayuno entender fracasar hablante hacienda

续表

启动分类	词汇分类	刺激列表（启动项）
32 个乱序字母启动词汇	4 个同源词，西班牙语为真词，且为英西"真朋友"	teléfono (xejqzflo) destruir (gtbaiddn) potencia (mscahudt) rotación (gvnjzuy)
	4 个同源词，西班牙语为真词，且为英西"假朋友"	lectura (honzjcre) aplicado (msxyvwql) traducir (xsjwbhol) construir (qahyjmpx)
	4 个同源词，西班牙语为假词，且为语素假词	centroso (igkfpdta) benéfico (rabktqpl) justicio (ojifdgcn) nutritive (sxevwmyu)
	4 个同源词，西班牙语为假词，且为非语素假词	paradiso (dztcikrb) delegato (ofvgqahy) susesivo (jmpxsunw) suicidia (wvyoxrmi)
	4 个非同源词，西班牙语为假词，且为语素假词	fallección (qgrycjzum) gentista (efqhkbru) heladado (xadctsmz) regalero (gjpyivwn)
	4 个非同源词，西班牙语为假词，且为非语素假词	rallenar (etxurhab) suciadad (nlczjvsg) trepezar (dyiqopfk) desparar (msxyvwql)
	8 个非同源词，西班牙语为真词	levantar (ywzdajur) muchacho (fbvlhtce) nosotros (qmnkpxog) pantalla (kxapsweu) película (vrgcmizt) quehacer (bfqndloj) reanudar (ayzxisfo) señorita (pvdlntrc)

　　按照以上两个表格的详细分组，我们又按"真假词"和"是否同源"两个标准，大致将测试词汇分组如下。（见表 7-5）

表 7-5　大组分组表

序号	类别	数量（个）
1	同源真词	28
2	同源假词	20
3	非同源真词	16
4	非同源假词	16

2. 研究资料与研究对象

在研究材料的选择上，本书仅对词长有所控制，并未参考国外研究，通过验证词频、检测邻居密度及莱文斯坦距离来控制相关变量，而是主要根据实验者多年教学经验来把控。就说服力及严谨程度来看，尽管主观经验不如客观数据，然而从初步探索性研究的角度出发，不论在词汇选取上还是在研究对象的选取上，均能给研究目的带来初步的结论、价值和参考。本实验的参与者为国内高校西班牙语专业大二下半学期的 15 位学生，他们均为汉族，一语为汉语①，二语为英语②，三语为西班牙语，平均年龄为 19 岁，经历了约 21 个月的专业西班牙语学习过程，按照国内的课程设置及大学非英语专业外语的学习情况，每位同学共同的三语学习时间大致相同③。此外，所有人即将面临全国高校西班牙语专业四级考试，因此，每位参与者被要求熟练掌握《西班牙语专业四级词汇》中的词汇。所有参与者视力正常或校正后正常，且均为右利手。

3. 英西同源词掩蔽启动真假词判断实验流程

参与者需要完成西班牙语词汇掩蔽启动真假词判断任务。实验所用设备预装 Windows 操作系统，CPU 为酷睿 i78565U，8G 内存，屏幕尺寸为 14 英寸。本研究采用 e-prime 2.0 软件，要求参与者对电脑屏幕上随机呈现的西班牙语词汇进行真假词判断。假如他们认为所看到的西班牙语单词是真词，就按"J"键，认为是假词就按"F"键。所有目标词和启动词均呈现于电脑屏幕中央，使用默认分辨率（640×480），白底黑字。每个

---

① 本实验并未对方言进行统计，将汉语当作第一语言。

② 本实验并未对参与者的二语熟练度进行具体调查。

③ 并未考虑个体课外学习情况。

词呈现前屏幕中央都会出现长达 800 毫秒的"#######"字符串作为注视点，以提示参与者（长度跟平均词长相同），随后出现 40 毫秒的启动词（若有）及目标词，直到参与者做出按键反应后再消失，随即进入下一个目标词判断。正式开始实验之前，每人有 4 个练习词进行准备练习，确定可以正式开始后进入正式实验阶段。实验过程如图 7-1 所示。

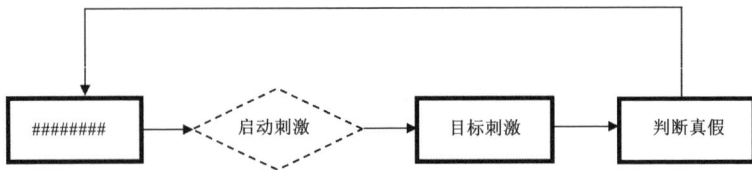

图 7-1　真假词判断流程图

15 位参与者在等候室进行随机分配序号后，按顺序进入实验教室，每位参与者在完成实验后传叫下一位参与者并被告知不能透露实验内容，依此类推。每位参与者的实验时间为 8—10 分钟。实验教室保持绝对安静，除了实验者和参与者之外没有闲杂人员进出，每位参与者在实验者的引导下，面朝显示屏，端坐于高靠背三面封闭式沙发椅上，并在屏幕上输入自己编号、右利手等相关信息，随后开始练习与实验。每位参与者在 e-prime2.0 软件上操作的流程图如图 7-2 所示。

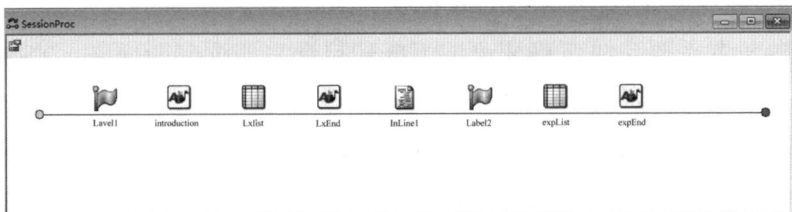

图 7-2　实验操作流程

其中 introduction 为指示语，Lxlist 为练习词汇表，expList 为刺激列表。实验指示语为中文，以图片形式呈现在练习环节开始之前，如图 7-3 所示。

欢迎你来参加我们的实验

实验首先在电脑屏幕上出现一个串"########"字符串作为注视点，提醒你开始实验，并集中注视电脑屏幕中央。接着呈现一串字符，请你判断这串字母是一个西班牙语真词还是假词，如果是真词请你按键盘上的"J"键，如果是假词请你按键盘上的"F"键，实验呈现时间很短，请你集中注意力，又快又准地做出判断。

明白上述指导语后，请你坐好，将双手放在电脑的键盘上，并把左手的食指放在"F"键上，右手的食指放在"J"键上，实验要求你使用两个键回答问题。记住，左手做"假词"判断，右手做"真词"判断。

准备好后，现请你按"Q"键开始练习，然后进入正式实验。

注意： 1. 实验过程中请集中精神。
      2. 如果出现选择失误，请不要多想，请继续实验。
      3. 练习过程中会在按键后出现操作正确与否的"按键反馈"界面，正式实验中将没有"反馈"界面。

图 7-3 实验指示语

仔细阅读上述内容之后，每位参与者按 "Q" 键进入练习，练习的流程与词汇列表如图 7-4、图 7-5 所示，在练习中并未加入启动项。

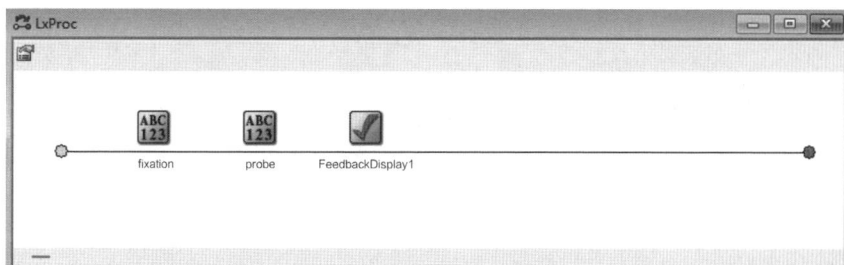

图 7-4 练习流程图

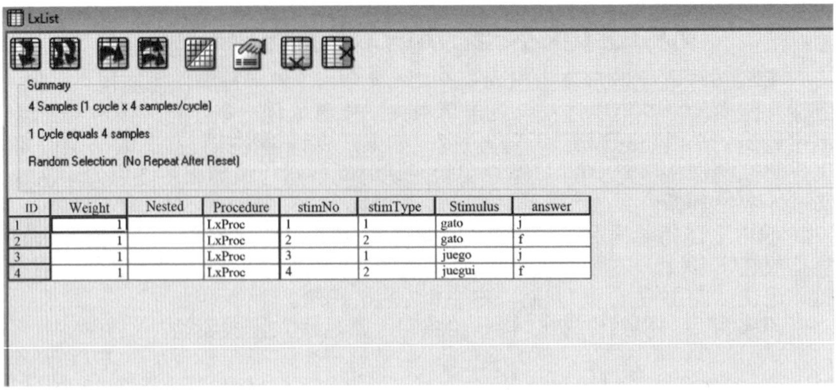

ID	Weight	Nested	Procedure	stimNo	stimType	Stimulus	answer
1	1		LxProc	1	1	gato	j
2	1		LxProc	2	2	gato	f
3	1		LxProc	3	1	juego	j
4	1		LxProc	4	2	juegui	f

图 7-5　练习刺激列表

练习列表中的词汇随机呈现，可以看到在练习环节中，我们安排了反馈，因此在参与者每次做出判断后，屏幕上会出现“判断正确”或“判断错误”字样，以便参与者进一步熟悉实验按键。在练习完毕之后，会出现另一页提示语，如图 7-6 所示。

练习完毕

如果你还不了解本实验程序，想回去继续练习，请你按“Q”键；如果你已了解本实验程序，可以进行正式实验了，请你按“P”键。请你选择。

【P】——正式实验　　　　【Q】——返回练习

注：正式实验过程中没有“反馈”界面。正式实验时间约5-10分钟。

图 7-6　练习完毕提示语

因此，个别参与者进行了 2 次练习，以消解紧张情绪，确保实验结果。练习结束时，参与者被告知正式实验过程中不存在“反馈”界面，参与者在做好准备并确认无误之后，进入正式实验环节。正式环节的软件流程图如图 7-7 所示，其中刺激列表的词汇与启动项均以 36 号 Times New Roman 黑色字体呈现在屏幕正中央。

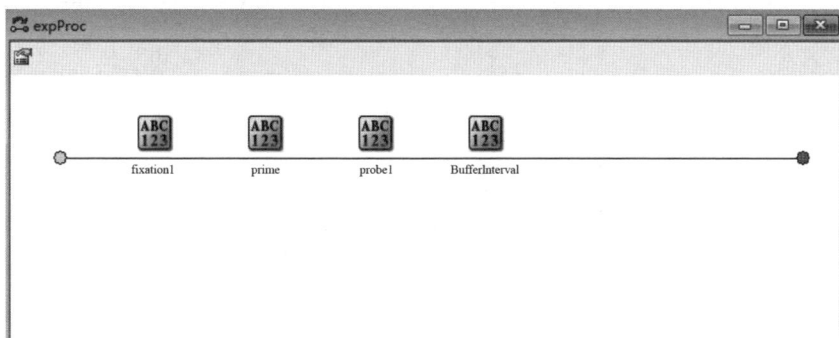

图 7-7 正式实验流程图

刺激列表中的具体词汇如表 7-4 所示。在进行词汇判断实验半个月后，本实验参与者均参加了全国西班牙语专业四级考试，根据其专四成绩分布来看，水平差距不大（SD = 4.4），因此本研究认为，所有人三语熟练度相差不大并且实验数据均有效。即便如此，用于下文分析的数据为剔除了从出现目标词后到参与者做出反应为止的反应时（RT）均值正负 2.5 个标准差之外的数据，数据单位为毫秒。

4. 讨论与结论

本实验数据分析的事后检验结果如表 7-6 与表 7-7 所示。对表中 4 组数据进行两两比较后的发现 [Levene W=0.594，p=0.621；$F(3，76)$=29.391，$p<0.05$] 如表 7-6 所示，存在差异的组别为第 1 组和第 2 组；第 1 组和第 4 组；第 2 组和第 3 组；第 3 组和第 4 组。据此，我们可以得出初步结论：三语为西班牙语的习得者的真词 RT 值比假词 RT 值小，具有显著差异。

小组分类的单向方差分析检验结果显示，当判断词为同源词非语素假词时，被试在不同启动条件下的 RT 值有显著差异 [$F(2,9) = 6.573$，$p<0.05$]：同源词启动的 RT 值小于无启动，也小于乱序字母启动，但无启

动和乱序字母启动之间无显著差异（见表 7-7）。

表 7-6　ANOVA 摘要：大类组间两两比较

组别	n	M	SD	F （3，76）	事后检验①
1	15	1523.48	411.06		1<2
2	15	2429.75	497.26	29.391*	1<4
3	15	1475.53	476.55		3<2
4	15	2481.41	421.77		3<4

*$p<0.05$

表 7-7　ANOVA 摘要：小组组间启动方式比较

类别	同源词启动		无启动		乱序字母启动		F （2,9）	事后 检验
	M	SD	M	SD	M	SD		
同源词 非语素 假词	2085.25	238.63	2649.42	432.08	2870.00	235.36	6.573*	同源词 启动< 无启动； 同源词 启动< 乱序字 母启动

在相同启动条件下（即乱序字母启动），我们对两组反应时进行了配对样本 t 检验（见表 7-8）。第一组对比的是当非语素假词是同源词或非同源词情况下的反应时。结果显示被试对非语素假词是否为同源词的反应时间有边缘性显著差异（$t = 3.138$，$df = 3$，$p = 0.052$）：对同源词的 RT 值大于对非同源词的 RT 值（$MD = 730.74$）。第二组对比的是当非同源词是语素假词或非语素假词情况下的反应时。结果发现被试对非同源词是否为语素假词的反应时间有显著差异（$t = 5.330$，$df = 3$，$p<0.05$）：对语素假词的 RT 值大于对非语素假词的 RT 值（$MD = 510.55$）。在对其他启动条件下进行相同检验后均未发现任何组间显著差异。

① 均值之间的比较，此列的"1<2"，说明1组比2组反应快，即均值上1的数值小于2，MD为负，余同。

表 7-8　配对样本 t 检验摘要：乱序字母启动条件下比较

类别	同源词（n=15）		非同源词（n=15）		MD	t (3)
	M	SD	M	SD		
非语素假词	2870.00	235.36	2139.26	281.72	730.74	3.138

类别	语素假词（n=15）		非语素假词（n=15）		MD	t (3)
	M	SD	M	SD		
非同源词	2649.82	280.39	2139.26	281.72	510.55	5.330*

　　根据是否同源、是否为语素假词等分类标准，我们对西班牙语词汇进行了真假词判断掩蔽启动实验。实验结果发现：三语习得者在对西班牙语为三语的词汇判断实验中，真词 RT 值显著小于假词 RT 值；在词汇类型均为同源词非语素假词的情况下，相较于无启动以及乱序字母启动，被试在同源词启动的条件下均具有更小的 RT 值，这一点充分体现了三语习得者在三语词汇识别过程中的同源词促进效应（见表 7-7）（Poort & Rodd，2017）。然而，在乱序字母启动条件下，对非语素假词判断时却出现了非同源词情况下反应时更小的情况。换句话说，被试对非同源的"单纯假词"的反应速度快于同源词，体现了同源词抑制效应（Temnikova & Nagel，2015）。另外，在乱序字母启动条件下，被试对非同源词是否为语素假词和非语素假词是否为同源词有着相似的表现（语素假词和同源词的反应时均大于单纯假词）。根据语素意识和同源词之间的关联（同源语素），我们认为被试在复杂情况（乱序启动）下，在判断非同源词时，同源语素产生了抑制作用，与被试在判断非语素假词时表现出的同源词抑制效应类似，这表明三语习得者中语素意识存在着二语到三语的负迁移现象。然而，这种同源词抑制效应在其余两种启动条件下均未出现。

　　总体来看，启动条件与语素意识的关系较为复杂。被试在不同启动条件下判断同源词的反应时均较短的结果表明，我们能在三语习得者中观察到同源词促进效应。同源词促进效应存在表示语素意识存在从二语到三语的正向迁移。而至于语素意识负迁移，我们能从本实验复杂情况下的非同源词词类分析中进行推测，即：三语习得者受到二语迁移的语素意识同样存在抑制效应。本书分析指出，语素意识与同源词抑制效应一样在二语与三语中存在负迁移，会给语言习得等方面造成一定干扰，这一点在同源词语同源语素的习得及应用上不容忽视。

除了反应时分析，本书并未详细分析被试的正确率，主要是考虑到假词词组的正确率偏低，倘若选取正确率90%以上的有效数据，则仅有2个假词数据有效。而本书分析重点在于假词RT间的比较，倘若结合正确率，基本上无法进行深入分析。即便如此，在选取正确率80%以上的数据并结合RT值的分析结果仍然发现了同源词的促进效应。正确率为80%以上的有效数据组为1（4）、2（4）、4（1）、5（4）、6（3）、8（1）、10（1）、11（8）、12（4）、13（4）、14（1）、18（7），数据组别对应附录表中的序号，括号内为对应的有效数据单词数。去除真假词差异后，具有意义的对比组为第4组的abundente（含义为"大量的"）与第8组的carpinter（错词，英语真词为carpenter，含义为"木匠"；西班牙语真词为carpintero，含义为"木匠"）。我们将这两组的反应时进行配对样本t检验，结果显示被试对同源词非语素假词的RT值在同源启动条件下较同源词非语素假词在无启动条件下更小（$t = -2.756$，$df = 11$，$p<0.05$），体现了同源词促进效应。

综上所述，与二语习得者相仿，三语习得者语素意识存在二语到三语的迁移现象，这也说明了借由语素意识，三语者的词汇能力可以在二语基础上获得迁移，体现出了三语习得研究中的"外语效应"，自然也可以推断，三语习得中来自二语的语素意识迁移也能在三语的词汇习得、阅读理解以及读写能力上发挥作用；同源词缀的存在导致了语素意识和同源词效应关系密切，尽管学界对三语习得中的同源词究竟存在哪种效应仍有争议，然而，根据本研究的分析，我们认为在不同条件下，同源词体现出了不同效应：在比较复杂的情况下（例如非同源情况下），同源词及语素意识对于三语习得者体现出了抑制作用；而在比较单纯的情况下（例如同源情况下），同源词及语素意识对于三语习得者词汇体现为促进作用。因此，对于同源词在三语习得过程中究竟存在哪种效应，我们不能一概而论。

由于三语习得中存在二语语素意识的迁移，因此，培养三语习得者的语素意识有助于三语词汇习得。在此过程中，我们同样需要合理利用正迁移，有效减少负迁移。在同源词以及同源语素的学习与应用上，三语习得者应当借助语素意识和同源词的积极联动，来巩固三语同源词汇习得，在复杂的情况下（例如词汇正字法和同源词缀判断）需要排除同源词与同源语素的干扰，从而达成三语词汇正确习得与使用的目标。

通过对西班牙语三语习得者的语素意识研究，我们可以发现，元语言意识具体体现在对语言规则的感知能力上。由于国内三语习得者的三种语言两两距离不同，导致了其二语和三语之间语素意识和同源词效应较母语更为显著。在三语词汇习得研究中，需要着重关注同源语素习得（陈豪，2021），在三语学习过程中也需要注重上述词汇意识的培养。关于三语习得中的同源词效应需要根据具体情况进行具体分析。由此观之，目前学者看似矛盾的结论均有研究意义，只是条件不同罢了。

尽管上述实验探讨了三语习得者语素意识迁移情况及其与同源词效应之间的关系，但仍有不足之处，主要为：（1）并未深入考虑测试词汇的词频与同源词使用频率、词类规模及能产性，也没有深入测量被试二语水平以及英西词汇量和掌握情况。（2）实验人数偏少，每类词汇数量较少，且分组过于繁杂，实验数据无法体现为什么无启动方式下 RT 值无法体现语素意识迁移而乱序字母启动则能体现。（3）没有深入研究正确率和反应时之间的相互影响，在数据处理过程中并未对错误回答进行剔除。本研究中某些组对差异明显，但并不表示在差异不明显的组对中无法得出已知的初步结论，今后的研究可以对本研究的分类方法进行修正，更加凸显对比因素，更为严格地控制变量，扩大实验体量进行更广更深的研究分析，尤其是以本研究为出发点，将复杂情况和单纯情况各自进行更为具体的研究（例如对不同启动方式分别探讨等）。

第八章　跨语言影响视域下同源词研究的应用与意义

本书从普通词汇学对同源词的概念整理和归纳出发，分理论研究和应用研究两部分，重点介绍了二语及三语习得词汇研究中的同源词现象，以及其研究方法和相关结论分析，我们发现二语与三语习得同源词研究证实了词汇习得机制的非语言选择性，并且对语言习得过程中词汇迁移现象的探讨，能给多个研究领域提供不同启示或帮助，如多语能力研究、翻译研究、符号学研究等。由此观之，同源词研究能为二语或多语词汇习得研究提供更具体的基础支持，这是由于词汇的习得不会凭空产生，并且当两种语言的语言距离越近时，这两种语言的同源词数量就越多（de la Rosa，2017）。

一、同源词与多语能力培养

在多语能力培养方面，对同源词有意识地关注能大幅度提升多语学习者的词汇学习能力和阅读能力。以往在非英语教学中对同源词的关注主要通过介绍新词汇的英语同源词来加深学习者的印象，这也符合本书提及的三语习得模型及教育心理学中的有意义学习等理论。在多语能力培养的词汇学习阶段，可以尝试使用多种同源词相关教学方法来提升学习者的语言能力，比如：在翻译练习中通过使用同源词和"假朋友"的对照来加深理解，甚至进行派生词的对比理解等。

1.词汇学习能力培养

同源词在词汇学习中的作用不言而喻。以英西同源词为例，中国学生普遍较早接触英语，因此在西班牙语学习过程中，对与英语词形相近的同源词在词汇记忆、词义理解上具有更快更好的接受能力。此外，同源词所包含的同源词缀（或者同源语素）能在词汇学习中起到举一反三的作用，对同源词词缀的分析有助于学生对目的语中的非同源词汇进行学习和归类，如西班牙语 imantación 为非同源词，然而对"-ción"英语同源后缀"-tion"的理解能帮助学生更好地理解该词（Gonzalo Pérez，2016：24）：该词的英语对应词为 magnetization（磁化），而 imán 在西班牙语里为"磁铁"的意思，因此，即便在不知道对应词的情况下，学习者也能按照"-ción"的这一"动名词化"的特征来明白 imantación 的含义。

对"假朋友"的甄别与学习也是多语能力培养的关键所在。对"假朋友"的错误理解有时是致命的，尤其是在医药学领域（Martínez Cisneros et al.，2017），通过对"假朋友"进行甄别和学习，并结合多义词对其进行分类使用，能有效帮助学生在词汇学习过程中明确词义、区别歧义并选用合适的词汇以达到有效交流的目的。合理利用"假朋友"在形态上的重叠，可以有效帮助词汇记忆，并且能做到摆脱熟练度高的语言的干扰效应（Marecka et al.，2021），如此看来，词汇习得的容易度应当依次为同源词（"真朋友"）>同源词（"假朋友"）>非同源词。同源词既能在词汇识别中提供优势，又能在词汇产出中提供优势，还能在词汇拼写中提供优势（Rigobon，2020）。从上述几个方面来看，同源词研究能在多语者词汇能力培养方面带来相当大的理论支持。

2. 阅读能力培养

个人词汇学习能力与个人阅读能力培养密不可分。从 20 世纪八九十年代开始，外语词汇教学采用了内隐方法，即通过交际法和阅读法来习得词汇，学界对究竟采用内隐法还是外显法来学习语言展开了讨论。恰孔·白特兰（Chacón Beltrán，2000）对外语教学中采用内隐及外显教学法后的词汇习得结果进行了对照研究后发现：一是直接给出新词的翻译要比将新词呈现在上下文中的学习效果更好；二是对新词元语言要素分析要比内隐法效果更好，学习者也更容易将词义与词义建立联系。研究者采用了"假朋友"作为研究材料，发现在第二点中，参与者对"假朋友"的掌握能力显然要优于内隐学习组。最终，研究者指出，存在内隐学习法的主要原因在于两种语言中（英语、西班牙语）具有相似的词汇，学习者可以在语境中辨别新词的具体含义，从而达到阅读能力的提升。然而，对于诸如"假朋友"的含义不同的词汇，强调新词语言学属性（énfasis en formas lingüísticas）对学习将大有裨益，而后者不论是在内隐学习中还是外显学习中均能发挥重要作用。由此观之，对同源词及其相关词类的元语言因素分析将有助于通过阅读法及交际法来学习语言，并以此进一步培养语言习得者的外语阅读能力。

二、同源词研究应用

同源词研究不仅在词汇习得领域有着根本且重要的作用，同源词本身在各个领域也有着不同的用途。

1. 同源词研究与翻译研究

在词汇发展过程中，伴随着词义变化，也会带来同源词翻译问题，主要为随着某些单词词义发生变化，其中一部分含义弃置不用，从而产生了同源词之间的翻译问题（Aske，2015：201、218），同源词研究和对比可以应对上述变化，给翻译提供支持，比如医学与科技领域的文本翻译（Martínez Cisneros et al.，2017）。在上述领域，与同源词相关的翻译问题一般在于错译文本中的"假朋友"，从而产生对原文的误读。通过对英文医学著作 *Brenner & Rector 's The Kidney* 一书的西班牙语译文版进行抽样调查，萨维德拉·比索（Saavedra Bisso，2021）指出其中73%的译文直接影响到原文理解。在上述错误数据中，除了语法上的错译之外，其中语义上的错译占绝大多数，并且在语用层面发现了主要的错误为"假朋友"的错译，作者还对相关研究文献进行了梳理，其中不乏对"假朋友"译法处理不当而影响到原文理解的研究案例。

在同源词翻译研究中，本书介绍的诸多相关研究表明同源词在翻译中存在启动效应及促进效应，切斯科因（Gascoigne，2001）通过多语言熟练度不同的参与者进行同源词翻译研究后发现，熟练度低的二语习得者在部分同源词翻译任务上的表现要优于熟练度高的二语习得者，结合上述分析，我们认为，由于同源词研究本身的复杂性及与翻译的密切联系，两者可以相互促进、共同发展。

2. 同源词研究与词汇教学

同源词研究最直接的应用在于词汇教学（Tyler et al.，2005），不论是对同源词本体研究还是应用研究中对同源词地位的讨论，均说明了同源词在跨语言词汇教学中的重要性，这主要是由同源词在词形和词义上较非同源词重叠度更高而决定的，这自然也包含语音教学：卡普兰－卡宾（Caplan-Carbin，2006）对德英同源词语音习得进行了研究，并指出有 95% 的学生认为需要教师使用同源词教学来学习英语词汇。除此之外，还包括同源词缀的教学（Mallikarjun et al.，2017），同源词或同源词缀都能成为多语词汇学习中的迁移启动项（prime example of transfer）而被学习者更快地接受（Carroll，1992）。在词汇教学中，尤其是在词汇教学初期，通过同源词的使用，能够让学生较快树立目的语学习的自信，能培养学生自学的习惯。诸多研究表明，在二语词汇教学的初期，在复杂词汇教学前，根据词频因素来选择简单的同源词教学能起到良好的学习效果（Lotto & de Groot，1998；de Groot & Keijzer，2000），因此，在多语词汇教学中需要合理凸显并灵活运用多语词汇的同源性（cognacy）（Meara，1993；de Groot & Keijzer，2000）。蒙塔约·罗德里塔斯（Montaño Rodríguez，2009）通过问卷调查、课堂观察和教学实践，发现经过一个学期 16 个课时的同源词教学，学生的阅读能力及相关语言能力有显著提高，并指出同源词教学需要制定一种特定的语音习得方法，使学生养成同源词学习习惯。特雷维尔（Tréville，1996）对大学中，将法语作为二语来学习的母语为英语的学生进行了课堂教学实验，发现以同源词为初级教学阶段能有效增加学习者的二语词汇量，这也与同源词在二语与三语习得初级阶段具有明显的促进效应的表述相符。

然而，在教学过程中，同源词的使用有可能导致口语词汇的书面语化：例如，在学习西班牙语单词 extinguir 后，由于在学习过程中了解到其英语同源词为 extinguish，因此在某些需要使用英语的非正式场合，想要表达"灭绝"含义时就极有可能不由自主地说出 extinguish，而没有使用更为口语化的表达方式，如 die out，这就会稍微显得不合时宜。与此同时，由于存在较强的同源词意识，三语学习者甚至会在三语初学阶段创造不存在的同源词汇：例如，三语为西班牙语的学习者在表达"流产"的概念的时候，会受到英语同源词 abortion 的影响而直接使用 aborción，而非使用正确的单词 aborto（Whitley，1986）。因此，在词汇教学过程中，需要尽量避免同源词的负面作用，尤其是"假朋友"的影响（Lengeling，1995）。归根到底，上述情况产生的原因为词汇在各自的语言环境中，其语间同源词使用规范和常用词义不同。在教学过程中，教师在外语课堂上对同源词及其"假朋友"的合理利用将有助于学生通过比较语间词汇（包括错误分析、造句、作文等练习方式）来扩充自己的多语词汇量及词汇应用能力。

3. 同源词研究与失语症研究

同源词还可以在双语失语症研究与治疗中发挥效用（Verreyt et al.，2013；Gray & Kiran，2016）。双语失语症患者中主要存在差异性失语（differential aphasia）和平行失语（parallel aphasia），前者为双语者某一种语言遭受损伤，后者为两种语言均遭受损伤。神经解剖学对双语失语者的研究表明，由于语言是选择性受损的，那么人脑中双语损伤的部位有可能是不同的，而语言的非选择性通达表明双语者享有整合的心理语言词汇表征，乍一看两者存在矛盾，然而事实并非如此，上述问题聚焦于一点，即差异性失语。导致这种失语的原因并非语言相关的神经基质（neural substrate）受到了损伤，而是失语者无法对损伤语进行选择，在使用未损伤语的同时，无法同时激活损伤语，因此是语言控制（language control）丧失，不是语言表征（linguistic representation）的丧失。范·德尔·林登等（van der Linden et al.，2018）通过对三组参与者（分别为 7 位差异性失语的双语者、8 位平行失语双语者与 19 位普通双语者）进行同源词词汇判断与侧翼任务（flanker task）后发现，三组参与者都表现出了同源词促进效应，证明三组参与者具有相似的词汇加工能力，而差异性失语者则具有大的非语言控制一致效应，进一步证明了双语失语症事实上是在普通认知控制上出了问题。

同源词研究中讨论的词汇非语言选择性说明了人脑中多语词汇记忆是相互连通的。罗伯茨和德洛里耶（Roberts & Deslauriers，1999）通过图片命名范式对法英双语失语症患者进行研究发现，患有失语症的双语者能更正确地命名同源词图片。该研究说明了同源词效应对失语症患者同样会产生效用（van der Linden et al.，2018），甚至能对受损伤的语言产生干涉作用（Verrreyt et al.，2013）。科纳特（Kohnert，2004）对一位 62 岁由急性脑血管栓塞意外导致非流利性失语（non-fluent aphasia）的患者（母语为西班牙语，二语为英语且熟练度高）进行同源词治疗后发现：在对患者进行西班牙语同源词训练后，较非同源词，患者对相应的英语同源词产出的正确率有显著提高。研究证明：词汇和语义的交互作用能在双语失语症患者的治疗过程中得到利用，其中同源词效果更显著。

4. 同源词研究的语言系统发生学应用

在历史语言学领域里，同源词研究对古籍的修复和破译有着特殊的意义，学者们能通过同源词的比较和重构追溯词汇发展的语源（Aske，2015：140）。除此之外，同源词数据结合系统发生学量化研究方法，能为语言系统发生学关于语言谱系研究提供实证研究结果，并形成了广为关注的研究方向（Delmestri & Cristianini，2012；Macklin-Cordes，2021）。

三、同源词研究展望

根据本书所列举的同源词实验、同源词研究范式、同源词研究理论和实际用途来看，同源词研究主要的研究材料为多语中具有音、形、义重叠的词汇，可以根据重叠部分的不同进行不同方向的研究。然而，纵观本书涉及的同源词研究，我们可以发现，理论研究主要从普通语言学（尤其是历史语言学）的角度出发，对同源词概念进行词源上的追溯，并结合词汇学角度延伸论述，而应用研究则主要依附心理语言学等的实验范式与背景，进行实证性或探索性研究。由于研究领域不同，以及研究角度与目的取向存在差异，两者之间很难融通。但就同源词概念及理论结合实践的同一目光观之，应用研究同样需要反观理论概念，不能顾此失彼，而一本同源词专著有必要对此进行综合归纳与阐释。

同源词为多语间词汇的特殊存在形式，在厘清其概念、功能、应用等方面，学者进行了相当多的研究，对其定义、分类讨论，以及语言习得中的优势、效应、地位讨论等都说明了同源词研究具有相当大的研究价值和意义，加之研究本身的复杂性及争议性导致了更全面、更深入研究同源现象的必要性。本书分析的同源词研究多从词形与词义两方面展开，然而，也有学者比较关注同源词的词音，以及词音与词义的联系，甚至音、形、义三要素结合展开研究：除上文提到的卡普兰 - 卡宾（Caplan-Carbin，2006）之外，塞尔斯·穆尔西亚（Celce Murcia，1997）通过对一名 2 岁的英法双语者进行语音词汇习得实验，发现同源词会使其语音习得更加困难。由此观之，对同源词效应、同源现象、研究条件及结果进行全面总结尤为必要。除此之外，更多研究者以同源词为研究材料、研究工具，对词汇教学、心理词汇整合性（即：是否具有语言选择性），以及对词汇记忆、同源效应具体应用展开了研究，这足以证明，基于同源词的本质属性及工具特性，同源词研究得以结合诸多语言相关研究进行跨领域研究，除上文所涉及的各类研究之外，同源词研究作为研究对象或资料还多见于自然语言处理、平行语料库等研究中，并能为相关领域发展提供新视角：英克潘、弗伦泽和康德拉克（Inkpen，Frunza & Kondrak，2005）提供了一个在自然语言处理中能根据正字法相似度自动区分同源词和"假朋友"的方法，以期能够筛选出双语词汇中的全部同源词，并将该方法应用到不同双语中；穆洛尼和佩卡尔（Mulloni & Pekar，2006）在自然语言处理中为同源词的筛选提供了一个新算法（捕获正字法变化规则），较传统方法（根据拼写相似性）能更多地筛选出双语中的同源词，以期用新算法为自然语言处理提供技术支持。

　　伴随着双语和三语习得研究的兴起，同源词研究逐渐进入了研究者的视野，一方面，同源词研究将在三语习得研究方兴未艾的时代获得更大的关注；另一方面，它将随着语言研究跨学科发展继续发挥着自己的作用。在理论研究方面，同源词作为词汇学研究中的一个经典概念，需要同其他词类一样，拥有明确的概念与分类等定义，其中还得包含与其相关的概念，如假同源词、"假朋友"、语间同形词、语间同音词等；在应用研究方面，同源词的跨学科属性不仅决定了同源词在心理语言学领域将与元语言意识有机结合，细化研究对象，深入探索同源词意识及同源意识，归纳总结同源词效应，在此基础上建立同源词习得模型[①]，还决定了同源词研究将结合认知神经语言学及自然语言处理等研究，并为上述研究提供跨语言支持。

---

① 卡罗尔（Carroll，1992）在其研究中使用了交股模型（cohort model）来分析同源词，并认为对同源词的分析及研究不能仅停留在词源学以及词汇三要素的层面，强调了同源词应用研究的必要性。

后 记
Summary

　　在跨语言交际中，合理利用同源词可以提高交际效率；在外语教学中，恰当地教授同源词及其相关概念，能使学生更快地内化正在学习的语言词汇；在翻译应用中，合适地利用同源词能使译文更贴近原文……可以说，同源词在现如今跨语言影响下的各领域中屡见不鲜并发挥着特殊作用；同源词研究作为跨语言词汇研究的主体研究对象也体现了其独特的科学性、趣味性与复杂性。

　　结合国内外同源词研究成果，本书对同源词研究从理论与应用两个维度进行了初步阐释，介绍并总结了同源词研究范式，希望能激发国内同源词研究者的兴趣，从中汲取些许灵感并推陈出新。此外，本书还通过三语习得中英西同源词掩蔽启动实验对三语为西班牙语的大二学生的同源词习得情况进行了探索，旨在以英西同源词为着眼点，期望将同源词理论与应用研究的可行范式与初步结论扩展至其他语言。最后，作为国内鲜有的英西同源词研究书籍，本书对词汇表述、专名译法问题可能存在不妥之处，烦请各位同行批评指正。

参考文献
References

[1] 毕井凌.浅谈西班牙语中的英语外来词[J].科教导刊（中旬刊），2011（4）：222–223.

[2] 曹啁童.浅析西班牙语和汉语中颜色词汇的互译[J].天津市财贸管理干部学院学报，2011，13（1）：62–63.

[3] 蔡金亭.三语语法习得的迁移研究：理论、证据与思考[J].外语研究，2020，37（6）：1–8,42.

[4] 巢玮.语料库驱动下西班牙语同义词的研究[J].扬州教育学院学报，2015，33（3）：53–56.

[5] 陈铧璐.墨西哥西班牙语与传统西班牙语的差异分析[J].剑南文学（经典教苑），2013（1）：389–391.

[6] 陈豪.西班牙语词汇同音异义现象分析及教学相关探究[D].上海：上海外国语大学，2013.

[7] 陈豪，西班牙语词汇研究综述和展望——兼议多语习得中的同源词研究[J].外语教育研究，2021（4）：52–58。

[8] 陈心如.西班牙语前缀构词与教学[J].才智，2015（3）：149.

[9] 陈星.谈谚语在西班牙语基础阶段词汇教学中的运用[J].科技信息，2010（14）：164，166.

[10] 陈艳艳，张萍.汉–英–日三语词汇加工中的语言距离和二语效应[J].北京第二外国语学院学报，2019，41（3）：74–87.

[11] 陈媛.论古巴西班牙语和西班牙"半岛西班牙语"的区别[J].科教文汇（上旬刊），2014（7）：135，137.

[12] 陈智平，彭羽婷.基于英西类比迁移模式的二外西班牙语学习策略

[J]. 科教文汇（下旬刊），2019（9）：186–187.

[13] 邓显婕. 浅谈"词根词缀联想记忆法"在西班牙语词汇教学中的应用 [J]. 科技信息，2013（12）：197.

[14] 丁雪华. 汉英双语者视觉词汇加工中的语音启动研究 [J]. 外语教学理论与实践，2019（2）：43–52.

[15] 董燕生，刘建. 现代西班牙语（学生用书）（1）[M]. 北京：外语教学与研究出版社，2014.

[16] 方铖豪，程亚华，伍新春. 小学低年级儿童汉语语素意识、口语词汇知识对阅读能力的影响：一项追踪研究 [J]. 心理发展与教育，2019，35（1）：57–67.

[17] 付彩艳. 汉语和西班牙语中动物词汇的文化伴随意义对比分析 [J]. 语文学刊（外语教育与教学），2009（12）：100–101，104.

[18] 付彩艳. 试论大学西班牙语教学中的文化渗透 [J]. 中国校外教育，2011（16）：52–58.

[19] 付彩艳. 认知隐喻思维与大学西班牙语多义词教学研究 [J]. 成功（教育），2013（8）：126–127.

[20] 胡青青，吴诗玉. 修正层级模型的诞生和演化 [J]. 宁波工程学院学报，2018，30（3）：37–41.

[21] 胡晓琳. 从标记性探究西班牙语词汇中的性别歧视现象 [J]. 黑龙江教育学院学报，2015，34（7）：147–148.

[22] 黄骏钊. 西英相近词汇和结构对比及其对西英汉互译的影响研究 [D]. 北京：北京外国语大学，2017.

[23] 何嫣. 西班牙语创造新词的方法 [J]. 清远职业技术学院学报，2013，6（6）：114–116.

[24] 金晓兵. 三语句子阅读中的二语语形激活 [D]. 南京：南京师范大学，2016.

[25] 凯西·康克林，阿纳·佩利克 – 桑切斯，盖乐恩·卡罗等眼动追踪：应用语言学研究实用指南述评. 当代语言学，2020，22(4)：627–630.

[26] 梁利娟,陈宝国.元语言意识对第二语言习得的影响及其与其他因素的交互作用 [J].外语教学理论与实践,2013（2）：21–27,35.

[27] 黎妮.西班牙语准固定语模因解析与新建构主义教学策略 [J].语文学刊（外语教育教学）,2015（5）：121–123.

[28] 李多.现代西班牙语词汇发展的几个问题 [J].外国语（上海外国语学院学报）,1982（5）：51–56.

[29] 李静文.近二十年第三语言习得研究综述 [J].云南师范大学学报（对外汉语教学与研究版）,2018,16（1）：28–38.

[30] 李利平,伍新春,程亚华.小学低段汉字识别和听写的发展轨迹：语素意识的预测作用 [J].心理学报,2020,52（5）：623–632.

[31] 李庆燊.对我国二语词汇习得实证研究现状的思考——基于 9 种外语类核心期刊 12 年（1995—2006）的统计与分析 [J].外语界,2007（6）：45–52.

[32] 李晓科.浅谈西班牙语词汇习得及词汇教学 [J].黑龙江科技信息,2008（29）：28,185.

[33] 李晓科,程亮亮.西班牙语专业四级词汇 [Z].北京：人民教育出版社,2006.

[34] 李增垠.三语习得与二语习得之差异探析 [J].青海师范大学学报（哲学社会科学版）,2016,38（2）：122–129.

[35] 梁德润.介绍两本西班牙语工具书 [J].外国语（上海外国语学院学报）,1981（1）：66.

[36] 梁利娟,陈宝国.元语言意识对第二语言习得的影响及其与其他因素的交互作用 [J].外语教学理论与实践,2013（2）：21–27,35.

[37] 林琳.浅析以西班牙语为母语的国家之间的语言差异 [J].文化创新比较研究,2018,2（10）：112–113.

[38] 刘少强,杨文星.中国近十年来基于 ERP 的二语习得研究现状分析 [J].外国语言文学,2020,37（5）：465–478.

[39] 刘松显.英语专业学生在 L3 德语初学阶段中的语言迁移研究 [J].河

北工程大学学报（社会科学版），2019，36（1）：78–80.

[40] 刘旖捷.关于二外西班牙语课堂教学的思考 [J].西部素质教育，
2018，4（13）：180.

[41] 刘宪，蒲志鸿.三语迁移研究述评 [J].黑龙江社会科学，2017（2）：
128–132.

[42] 陆经生.阿拉伯语对西班牙语的影响 [J].阿拉伯世界，1988（1）：
74–78.

[43] 陆经生.西班牙语词汇的异体现象探讨 [J].外国语（上海外国语学
院学报），1989（5）：51，79–82.

[44] 马联昌，周为民.西班牙语词汇学导论 [M].上海：上海外语教育出
版社，2012.

[45] 马西.汉语与西班牙语表人词缀比较研究 [D].长春：吉林大学，
2019.

[46] 毛智，何学德.英语词汇学原理 [M].成都：西南交通大学出版社，
2020.

[47] 倪传斌，张之胤.三语对二语词汇识别的影响 [J].外语与外语教学，
2011（6）：30–34.

[48] 欧煜，田少郁.西班牙语中外来词的分类对比与教学建议 [J].西部
素质教育，2016，2（10）：44，69.

[49] 裴枫.西班牙语网络词汇浅析 [J].科技信息，2012（28）：149–150.

[50] 热比古丽·白克力，闻素霞，雷志明.维－汉－英三语者三种语言语
义通达模型的实验研究 [J].心理科学，2012（2）：287–293.

[51] 任少凡.阿拉伯语对西班牙语的影响 [J].文学教育（下），2019（3）：
10–13.

[52] 申冬宁.关于语言迁移对第二及第三语言习得影响的研究 [D].青
岛：中国海洋大学，2006.

[53] 史冬梅.二语能力对三语习得中词汇迁移的影响 [D].南京：南京理
工大学，2009.

[54] 宋尽冬 . 中国西班牙语学习者可用词汇研究初探 [J]. 外语与外语教学，2009（6）: 7–11.

[55] 宋时阳 . 词源学在初级西班牙语教学中的应用 [J]. 才智，2015（27）: 183–184.

[56] 苏鸿谭 . 古老的西班牙语 [J]. 世界知识，1981（9）: 31.

[57] 谭博 . 汉语与西班牙语词汇的文化语义比较及教学策略 [J]. 沈阳农业大学学报（社会科学版），2016，18（5）: 606–609.

[58] 腾悦 . 试论西班牙语中的英语外来词汇 [J]. 课程教育研究，2018（11）: 111.

[59] 田凌云 . 同源词和词类对三语者二语词汇加工的影响 [D]. 北京: 北京外国语大学，2020.

[60] 田申，林永伟 . 西班牙语词汇与教学研究浅析 [J]. 科教文汇（下旬刊），2008（9）: 91.

[61] 童擎 . 汉西动物词汇喻人用法对比分析 [D]. 南京: 南京大学，2013.

[62] 汪榕培，王之江 . 英语词汇学 [M]. 上海: 上海外语教育出版社，2013.

[63] 王力 . 同源字论 [J]. 中国语文，1978（1）.

[64] 王力 . 同源字典 [Z]. 北京: 商务印书馆，1982.

[65] 王立非，江进林 . 国际二语习得研究十年热点及趋势的定量分析（2000—2009）[J]. 外语界，2012（6）: 2–9.

[66] 王琦 . 汉语、西班牙语词汇的文化差异 [J]. 长江大学学报（社会科学版），2012，35（6）: 81–83.

[67] 王煜，赵秋野 . 三语心理词汇模式与英语词汇习得——以高校俄语专业零起点学生为例 [J]. 山东外语教学，2019（2）: 56–65.

[68] 王悦，张积家 . 不熟练中 – 日双语者同形词和非同形词的隐蔽翻译启动效应 [J]. 心理学报，2014，46（6）: 765–776.

[69] 王胜 . 西班词汇习得中的多语际跨语言影响研究 [J]. 创新创业理论研究与实践，2019，2（7）: 170–172.

[70] 魏晋慧.墨西哥西班牙语与西班牙西班牙语差异分析 [J].天津外国语学院学报，2005（2）：47–50.

[71] 魏晋慧.西班牙语和葡萄牙语差异分析——以语音和词汇比较为中心 [J].天津外国语学院学报，2010，17（6）：74–78.

[72] 魏亚丽，彭金定.三语习得中的语言迁移述评 [J].新疆师范大学学报（哲学社会科学版），2015，36（1）：119–125.

[73] 魏媛媛.浅析阿拉伯语对西班牙语的影响 [J].价值工程，2011，30（6）：295.

[74] 魏媛媛.论阿拉伯语对西班牙语词汇的影响 [J].才智，2015（7）：280–281.

[75] 吴成刚.英汉同源词掩蔽翻译启动效应的不对称性 [D].沈阳：沈阳师范大学，2016.

[76] 吴建设，周韦，何晓静，等.西班牙语外语学习者的阅读理解研究：技能成分分析视角 [J].北京第二外国语学院学报，2015，37（2）：71–78.

[77] 吴诗琼.英语及汉语语素训练对汉语儿童英语阅读影响的实验研究 [D].杭州：杭州师范大学，2019.

[78] 徐锦芬，杨柳.三语习得中的跨语言影响研究述评 [J].北京第二外国语学院学报，2019（3）：32–44.

[79] 杨连瑞，尹洪山.发展中的第二语言习得研究 [J].现代外语，2005（2）：181–192，220.

[80] 杨敏.基于迁移理论的西班牙语和英语词汇学习的对比研究 [J].英语教师，2018，18（3）：131–134.

[81] 杨珊珊.语言磨蚀视角下英语作为第二外语的教学策略研究 [J].佳木斯大学社会科学学报，2013（2）：168–169.

[82] 姚刚.语料库在中国高校西班牙语词汇学习中的运用 [D].上海：上海外国语大学，2018.

[83] 曾丽.儿童三语习得中元语言意识的发展对我国少数民族外语教

育政策制定的启示 [J]. 外语教学与研究，2011，43（5）：748–755，801.

[84] 曾丽，李力. 对"三语习得"作为独立研究领域的思考 [J]. 外语与外语教学，2010（2）：6–9.

[85] 曾立英. 二语习得者的语素构词意识及其教学策略 [C]// 汉语国际传播与国际汉语教学研究（上）——第九届国际汉语教学学术研讨会论文集，2011：430–436.

[86] 张帮印. 试论英语词源学在大学英语词汇教学中的应用 [J]. 福建论坛（社科教育版），2011（10）：127–128.

[87] 张红颖. 翻译教学视域下西班牙语法律文本的语言特点分析 [J]. 文化创新比较研究，2019，3（23）：119–120.

[88] 张可，田琰. 汉语和西班牙语中颜色词汇的认知对比研究——以黑、绿为例 [J]. 现代语文（语言研究版），2014（5）：143–144.

[89] 张理想. 语块视角下西班牙语口译词汇教学研究 [J]. 现代交际，2019（12）：6–7.

[90] 张清芳，杨玉芳. 言语产生中的词汇通达理论 [J]. 心理科学进展，2003，11（1）：6–11.

[91] 张群星，董燕萍. 汉英双语心理词库的非选择性语音提取 [J]. 当代外语研究，2012（1）：41–44，64.

[92] 张沁园. 西班牙语谓语词汇体的尝试研究 [D]. 上海：上海外国语大学，2009.

[93] 张毅. 浅议石油工程类西班牙语词汇的构词特点 [J]. 中国科技术语，2016，18（1）：45–47.

[94] 赵俊华，莫雷. 双语词汇通达的认知控制 [J]. 心理科学进展，2008，16（6）：874–879.

[95] 赵沫. 对"面子"和"礼"的西班牙语翻译分析及相关词汇教学探究 [J]. 吉林华桥外国语学院学报，2016（1）：23–27.

[96] 赵天宇. 西英同形异义结构的探究 [J]. 科技资讯，2018，16（2）：

196–197.

[97] 赵薇.三语语言迁移对词汇习得影响的实证研究 [J]. 科技视界，2019a（9）：125–126.

[98] 赵薇.语言迁移理论视阈下的大学生三语习得状况 [J]. 科技视界，2019b（18）：118–119.

[99] 赵燕.论英法同源词在法语学习中的负迁移案例分析 [J]. 当代教研论丛，2016（2）：88–89.

[100] 张超，冯茵，周榕.自定步速阅读在二语习得研究中的应用 [J]. 外国语言文学，2020，37（6）：634–644.

[101] 张玉平，董琼，舒华，等.语音意识、命名速度和语素意识在汉语阅读发展中的作用 [J]. 心理发展与教育，2017，33（4）：401–409.

[102] 郑昕.语言迁移研究对三语（西班牙语）教学的影响初探——以英语专业学生为例 [J]. 安徽文学（下半月），2018（4）：117–119.

[103] 中国大百科全书出版社编辑部.中国大百科全书·语言文字 [Z]. 北京 / 上海：中国大百科全书出版社，1988.

[104] 中国语言学大辞典编委会.中国语言学大辞典 [Z]. 南昌：江西教育出版社，1991.

[105] 周春霞.浅议当下古巴通俗西班牙语中的非洲语汇 [J]. 长春理工大学学报（社会科学版），2012，25（12）：172–173.

[106] 朱静芬.语言迁移对二外学习者英语写作的影响.外语教学，2000（1）：51–55.

[107] 朱俊璇.西英词汇比较与中国西语词汇教学 [D]. 上海：上海外国语大学，2012.

[108] 庄晓玲.三语语境下二语词汇磨蚀研究 [J]. 安徽广播电视大学学报，2018（3）：95–99.

[109] APARICIO X, LAVAUR J M. Masked translation priming effects in visual word recognition by trilinguals[J]. Journal of psycholinguistic research，2016，45：1369–1388.

[110] ALONSO CORTES A. Lingüística[M]. España：Catedra，2015.

[111] ALLEN V F. Techniques in teaching vocabulary[M]. Oxford：Oxford University Press，1983.

[112] ASKE J. Spanish–English cognates：An introduction to Spanish linguistics[D]. Salem：Salem State University，2015.

[113] BARDEL C，FALK Y. The role of the second language in third language acquisition：The case of Germanic syntax[J]. Second language research，2007，23(4)：459–484.

[114] BARDEL C，FALK Y. The L2 status factor and the declarative/procedural distinction[C]//CABRELLI AMARO J，FLYNN S，ROTHMAN J. Third language acquisition in adulthood. Amsterdam，2012：61–78.

[115] BASNIGHT–BROWN D. Models of lexical access and bilingualism[C]//HEREDIA R，ALTARRIBA J. Foundations of bilingual memory. Berlin：Springer，2014.

[116] BELTRÁN M R C. La enseñanza del vocabulario en inglés como L2: el efecto del énfasis en la formación lingüística en el aprendizaje de cognados falsos[D]. Sevilla：Universidad de Sevilla，2000.

[117] BERTRAM R，LAINE M，VIRKKALA M M. The role of derivational morphology in vocabulary acquisition: Get by with a little help from my morpheme friends[J]. Scandinavian journal of psychology，2000，41(4)：287–296.

[118] BICE K，KROLL J F. Native language change during early stages of second language learning[J]. Neuro report，2015，26：966–971.

[119] BOURASSA D，TREIMAN R，KESSLER，B. Use of morphology in spelling by children with dyslexia and typically developing children[J]. Memory and cognition，2006，34(4)：703–714.

[120] BRENDERS P，VAN HELL J G，DIJKSTRA T. Word recognition in child

second language learners : Evidence from cognates and false friends[J]. Journal of experimental child psychology, 2011, 109 : 383–396.

[121] BULTENA S, DIJKSTRA T, VAN HELL J G. Cognate effects in sentence context depend on word class, L2 proficiency, and task[J]. The quarterly journal of experimental psychology, 2014, 67(6) : 1214–1241.

[122] CARLISLE J F. Morphological awareness and early reading achievement[C]//FELDMAN L B. Morphological aspects of language processing, Hillsdale, NJ: Erlbaum, 1995 : 189–209.

[123] CAPLAN–CARBIN L. Diachronic linguistics in the classroom: Sound shifts and cognate recognition[R]. University of South Florida : Fall 95/ Seminar in Second Language Acquisition, 2006.

[124] CARAMAZZA A, BRONES I. Lexical access in bilinguals[J]. Bulletin of the psychonomic society, 1979, 13 : 212–214.

[125] CARROLL S E. On cognates[J]. Interlanguage studies bulletin (Utrecht), 1992, 8(2) : 93–119.

[126] CELCE MURCIA M. Phonological factors in vocabulary acquisition : A case study of a two–year–old, English–French bilingual[J]. Working papers in bilingualism, 1997 : 13.

[127] COMESAÑA M, FERRÉ P, ROMERO J, et al. Facilitative effect of cognate words vanishes when reducing the orthographic overlap : The role of stimuli list composition[J]. Journal of experimental psychology : learning, memory, and cognition, 2015, 41(3) : 614–635.

[128] COMESAÑA M, SOARES A P, LIMA C. Semantic representations of new cognate vs. noncognate words : Evidence from two second language learning methods[J]. Procedia–social and behavioral sciences, 2010, 5 : 199–203.

[129] COMESAÑA M, SOARES A P, SÁNCHEZ-CASAS R, et al. Lexical

and semantic representations in the acquisition of L2 cognate and non-cognate words : Evidence from two learning methods in children[J]. British journal of psychology, 2012, 103 : 378–392.

[130] CENOZ J. Research on multilingual acquisition[C]//CENOZ J, JESSNER U. English in Europe : The acquisition of a third language. Clevedon: Multilingual Matters, 2000 : 39–53.

[131] CENOZ J. The effect of linguistic distance, L2 status and age on cross-linguistic influence in third language acquisition[C]//CENOZ J, HUFEISEN B, JESSNER U. Cross-linguistic influence in third language acquisition. Bristol, Blue Ridge Summit: Multilingual Matters, 2001 : 8–20.

[132] CENOZ J, HUFEISEN B, JESSNER, U. Cross-linguistic influence in third language acquisition. Psycholinguistic perspectives[M]. Clevedon : Multilingual Matters, 2001.

[133] COSTA A, CARAMAZZA A, SEBASTIAN-GALLES N. The cognate facilitation effect : Implications for models of lexical access[J]. Journal of Experimental Psychology : Learning, Memory, and Cognition, 2000, 26(5) : 1283–1296.

[134] CRYSTAL D. A Dictionary of linguistics and phonetics (6th ed.)[K]. New Jersey : Blackwell, 2008.

[135] DE ANGELIS G. Third or additional language acquisition[M]. Clevedon : Multilingual Matters, 2007.

[136] DE ANGELIS G, SELINKER, L. Interlanguage transfer and competing linguistic systems in the multilingual mind[C]//CENOZ J, HUFEISEN B, JESSNER U. Cross-linguistic influence in third language acquisition : Psycholinguistic Perspectives. Clevedon: Multilingual Matters, 2001 : 42–58.

[137] DE LA ROSA F D B. Palabras Vocabulario Léxico. La lexicología

aplicada a la didáctica y la diacronía[M]. Venezia：Edizioni Ca' Foscari, 2017.

[138] DE GROOT A M B. Determinants of word translation[J]. Journal of experimental psychology：Learning，memory，and cognition，1992，18：1001–1018.

[139] DE GROOT A M B，DANNENBURG L，VAN HELL J G. Forward and backward word translation by bilinguals[J]. Journal of memory and language，1994，33：600–629.

[140] DE GROOT A M B，NAS G L J. Lexical representation of cognates and noncognates in compound bilinguals[J]. Journal of memory and language，1991，30(1)：90–123.

[141] DE GROOT A M，KEIJZER R. What is hard to learn is easy to forget：The roles of word concreteness，cognate status，and word frequency in foreign-language vocabulary learning and forgetting[J]. Language learning，2000，50(1)：1–56.

[142] DE GROOT A M B，DELMAAR P，LUPKER S J. The processing of interlexical homographs in translation recognition and lexical decision：Support for non–selective access to bilingual memory[J]. The quarterly journal of experimental psychology：Section A，2000，53(2)：397–428.

[143] DEACON H，BRYANT P. Getting to the root: Young writer's sensitivity to the role of root morphemes in the spelling of inflected and derived words[J]. Journal of child language，2006a，33(2)：401–417.

[144] DEACON H，BRYANT P. This turnip's not for turning：Chilren's morphological awareness and their use of root morphemes in spelling[J]. British journal of developmental psychology，2006b，24：567–575.

[145] DEACON S H，WADE–WOOLLEY L，KIRBY J. Crossover：The role of morphological awareness in French immersion children's

reading[J]. Developmental psychology, 2007, 43 : 732–746.

[146] DELMESTRI A, CRISTIANINI N. Linguistic phylogenetic inference by PAM–like matrices[J]. Journal of quantitative linguistics, 2012, 19 : 120–95.

[147] DEWAELE J M. Lexical Inventions : French interlanguage as L2 versus L3[J]. Applied linguistics, 1998, 19 : 471–490.

[148] DIJKSTRA T. The multilingual lexicón[C]//SANDRA D, OSTMAN J–O, VERSCHUEREN J. Cognition and language use : Handbook of pragmatics highlights. Amsterdam: Benjamins, 2009(3) : 369–388.

[149] DIJKSTRA T, DE BRUIJN E, SCHRIEFERS H, et al. More on interlingual homograph recognition : Language intermixing versus explicitness of instruction[J]. Bilingualism : Language and cognition, 2000, 3(1) : 69–78.

[150] DIJKSTRA T, VAN HEUVEN W J B. The architecture of the bilingual word recognition system : From identification to decision[J]. Bilingualism : Language and cognition, 2002, 5(3) : 175–197.

[151] DIJKSTRA T, GRAINGER J, VAN HEUVEN W J B. Recognition of cognates and interlingual homographs : The neglected role of phonology[J]. Journal of memory and language, 1999, 41(4) : 496–518.

[152] DIJKSTRA T, MIWA K, BRUMMELHUIS B, et al. How cross–language similarity and task demands affect cognate recognition[J]. Journal of memory and language, 2010, 62(3) : 284–301.

[153] DIJKSTRA T, VAN HELL J G, BRENDERS P. Sentence context effects in bilingual word recognition : Cognate status, sentence language, and semantic constraint[J]. Bilingualism : Language and cognition, 2015, 18(4) : 597–613.

[154] DIJKSTRA T, VAN JAARSVELD H, TEN BRINKE S. Interlingual

homograph recognition : Effects of task demands and language intermixing[J]. Bilingualism : Language and cognition, 1998, 1(1) : 51–66.

[155] DIJKSTRA T, WAHL A, BUYTENHUIJS F, et al. Modelling bilingual lexical processing : A research agenda and desiderabilia[J]. Bilingualism : Language and cognition, 2018 : 1–11.

[156] DIJKSTRA T, WAHL A, BUYTENHUIJS F, et al. Multilink : a computational model for bilingual word recognition and word translation[J]. Bilingualism : Language and cognition, 2018 : 1–23.

[157] DUYCK W, VAN ASSCHE E, DRIEGHE D, et al. Visual word recognition by bilinguals in a sentence context : Evidence for nonselective lexical access[J]. Journal of experimental psychology : Learning, memory, and cognition, 2007, 33(4) : 663–679.

[158] DE LARA L F. Curso de lexicología[M]. México : El Colegio de México, 2006.

[159] FLYNN S, FOLEY C, VINNITSKAYA I. The cumulative–enhancement model for language acquisition : Comparing adults' and children's patterns of development in first, second and third language acquisition of relative clauses[J]. International journal of multilingualism, 2004, 1(1) : 3–16.

[160] FINKBEINER M, FORSTER K, NICOL J, et al. The role of polysemy in masked semantic and translation priming[J]. Journal of memory and language, 2004, 51 : 1–22.

[161] FORSYTH H. The influence of L2 transfer on L3 English written production in a bilingual German/Italian population : A study of syntactic errors[J]. Open journal of modern linguistics, 2014, 4 : 429–456.

[162] FRENCH R M, OHNESORGE C. Using non–cognate interlexical

homographs[R]. Proceedings of the Seventeenth Annual Conference of the Cognitive Science Society (Vol. 17, p. 31). Psychology Press,1995.

[163] FURIASSI C, PULCINI V, RODRÍGUEZ GONZÁLEZ F. The lexical influence of English on European languages : From words to phraseology[C]//FURIASSI C, PULCINI V, RODRÍGUEZ GONZÁLEZ F. The anglicization of European lexis. Amsterdam : John Benjamins, 2012 : 1–26.

[164] GALINDO MERINO M M. La incorporación del nivel pragmático a la investigación sobre los procesos de transferencia en la adquisición de segundas lenguas[J]. Estudios de Lingüística de la Universidad de Alicante, 2005, 19 : 137–155.

[165] GALLETLY J, BUTCHER W, DARYANANI S. Hypertext in cognate-language learning[J]. Journal of computer assisted learning, 1992, 8(1) : 25–36.

[166] GARCÍA F. Anglicismos no asimilados en el DRAE (23.a ed.)[J]. Études Romanes de Brno, 2017, 38 : 11–27.

[167] GARCÍA J P R. Los anglicismos crudos y las adaptaciones gráficas que recoge la vigesimotercera edición del Diccionario de la lengua española[J]. Colindancias–Revista de la Red de Hispanistas de Europa Central, 2021(11) : 185–214.

[168] GASCOIGNE C. Lexical and conceptual representations in more– and less–skilled bilinguals : The role of cognates[J]. Foreign language annals, 2001, 34 : 446–452.

[169] GOLLAN T H, FORSTER K I, FROST R. Translation priming with different scripts : Masked priming with cognates and noncognates in Hebrew–English bilinguals[J]. Journal of experimental psychology : Learning, memory, and cognition, 1997, 23 : 1122–1139.

[170] GONZALO PÉREZ A. Los cognados sinonímicos como facilitadores

de la adquisición y el aprendizaje del léxico español por alumnos anglohablantes[D]. Madird：Universidad Complutense de Madrid，2016.

[171] GRAY T, KIRAN S. The relationship between language control and cognitive control in bilingual aphasia[J]. Bilingualism：Language and cognition, 2016, 19(3)：433–452.

[172] Hall C J. The automatic cognate form assumption：Evidence for the parasitic model of vocabulary development[J]. IRAL, 2002, 40：69–87.

[173] HALL C J, NEWBRAND D, ECKE P, et al. Learners' implicit assumptions about syntactic frames in new L3 words：The role of cognates, typological proximity, and L2 status[J]. Language learning, 2009, 59：153–202.

[174] HAMMARBERG B. Chapter 2. Roles of L1 and L2 in L3 production and acquisition[C]//CENOZ J, HUFEISEN B, JESSNER U. Cross–linguistic influence in third language acquisition bristol. Blue Ridge Summit：Multilingual Matters, 2001：21–41.

[175] HERDINA P, JESSNER U. The dynamics of third language acquisition[C]//CENOZ J, JESSNER U. English in Europe：The acquisition of a third language. Clevedon：Multilingual Matters, 2000：84.

[176] INKPEN D, FRUNZA O, KONDRAK G. Automatic identification of cognates and false friends in French and English[R]. Bulgaria：Proceedings of the international conference recent advances in natural language processing, 2005：251–257.

[177] JARED D, CORMIER P, LEVY B A, et al. Cross–language activation of phonology in young bilingual readers[J]. Reading and writing, 2012, 25：1327–1343.

[178] JEON E H. Contribution of morphological awareness to second-language reading comprehension[J]. Modern language journal, 2011, 95 : 217–235.

[179] JESSNER U. Linguistic awareness in multilinguals : English as a third language[M]. Edinburgh : Edinburgh University Press, 2006.

[180] JIANG N. Lexical representation and development in a second language[J]. Applied linguistics, 2000, 21(3) : 47–77.

[181] JIANG N. Semantic transfer and development in adult L2 vocabulary acquisition[C]//Bogaards P, Laufer B. Vocabulary in a second language : Selection, acquisition and testing. Amsterdam : Benjamins, 2004 : 101–126.

[182] KATZ L, FROST R. The reading process is different for different orthographies : The orthographic depth hypothesis[J]. Advances in psychology, 1992, 94 : 67–84.

[183] KE S, KODA K. Is vocabulary knowledge sufficient for word-meaning inference?An investigation of the role of morphological awareness in adult L2 learners of Chinese[J]. Applied linguistics, 2017, 40 : 456–477.

[184] Kœssler M, Derocquigny J. Les faux amis ; ou, Les trahisons du vocabulaire anglais (conseils aux traducteurs)[M]. Paris : Vuibert, 1928.

[185] KELLEY A, KOHNERT K. Is there a cognate advantage for typically developing Spanish-speaking ELLs[J].Language, speech, and hearing services in schools, 2012, 43 : 191–204.

[186] KIEFFER M, LESAUX N. The role of derivational morphology in the reading comprehension of Spanish-speaking English language learners[J]. Reading and writing, 2008, 21 : 783–804.

[187] KOHNERT K. Cognitive and cognate-based treatments for bilingual

aphasia：A case study[J]. Brain and language，2004，91(3)：294–302.

[188] KROLL J F，STEWART E. Category interference in translation and picture naming：Evidence for asymmetric connections between bilingual memory representations[J]. Journal of memory and language，1994，33：149–174.

[189] KROLL J，BOBB S，WODNIECKA Z. Language selectivity is the exception，not the rule：Arguments against a fixed locus of language selection in bilingual speech[J]. Bilingualism：Language and cognition，2006，9(2)：119–135.

[190] LAMB S M. Pathway of the brain：The neurocognitive basis of language[M]. Amsterdam and philadelphia, PA：John Benjamins，1999.

[191] LAURO J，SCHWARTZ A I. Cognate effects on anaphor processing[J]. Journal of experimental psychology：Learning，memory，and cognition，2019，45(3)：381–396.

[192] LEMHÖFER K，DIJKSTRA T. Recognizing cognates and interlingual homographs：Effects of code similarity in language–specific and generalized lexical decision[J]. Memory & cognition，2004，32(4)：533–550.

[193] LEMHÖFER K，DIJKSTRA T，MICHEL M. Three languages，one ECHO：Cognate effects in trilingual word recognition[J]. Language & cognitive processes，2004，19(5)：585–611.

[194] LEMHÖFER K，DIJKSTRA T，SCHRIEFERS H，et al. Native language influences on word recognition in a second language：A megastudy[J]. Journal of experimental psychology：Learning，memory，and cognition，2008，34(1)：12–31.

[195] LENGELING M M. True friends and false friends[J]. MEXTESOL Journal，1995，19(2)：17–20.

[196] LEVELT W J M. Speaking：From intention to articulation[M]. Cambridge：MIT Press，1993.

[197] LI C，GOLLAN T H. What cognates reveal about default language selection in bilingual sentence production[J]. Journal of memory and language，2021，118：104–214.

[198] LIBBEN M R，TITONE D A. Bilingual lexical access in context： Evidence from eye movements during reading[J]. Journal of experimental psychology：learning，memory，and cognition，2009， 35(2)：381–390.

[199] LIMA C，COMESAÑA M，SOARES A P. Semantic representations in cognate vs. non cognate words acquisition in a new language：Evidences with different learning methods[R]. Portugal：Poster presented at the V Encontro da Associação Portuguesa de Psicologia Experimental，2010.

[200] LIMPER L. Student Knowledge of some French–English cognates[J]. French review，1932，6：37–49.

[201] LOBO E. A 10,000–word Spanish vocabulary expanded from 3,000 English cognates[D]. Washington：Georgetown University，1966.

[202] LOTTO L，DE GROOT A M. Effects of learning method and word type on acquiring vocabulary in an unfamiliar language[J]. Language learning，1998，48(1)：31–69.

[203] MACKLIN–CORDES J. Phonotactics in historical linguistics： Quantitative interrogation of a novel data source[D]. Brisbane：The University of Queensland，2021.

[204] MAHONY D，SINGSON M，MANN V. Reading ability and sensitivity to morphological relations[J]. Reading and writing：An interdisciplinary journal，2000：191–218.

[205] MAIMONE LUCIANE L. The role of crosslinguistic influence from L2 Spanish，type of linguistic item，and aptitude in the learning stages

of L3 portuguese forms : An exploratory study[D]. Washington :
Georgetown University, 2017.

[206] MALABONGA V, KENYON D M, CARLO M, et al. Development
of a cognate awareness measure for Spanish-speaking English language
learners[J]. Language testing, 2008, 25(4) : 495-519.

[207] MALAKOFF M. Translation ability : a natural bilingual and
metalinguistic skill[C]//Harris R. Cognitive processing in bilinguals.
hillsdale, NJ : Lawrence Erlbaum, 1992.

[208] MALLIKARJUN A, NEWMAN R S, NOVICK J M. Exploiting
the interconnected lexicon : Bootstrapping English language learning
in young Spanish speakers[J]. Translational issues in psychological
science, 2017, 3(1) : 34-47.

[209] MANCHÓN RUÍZ R. Un acercamiento psicolingüístico al fenómeno
de la transferencia en el aprendizaje y uso de segundas lenguas[C]//
Salazar V, Pastor S. Estudios de lingüística. Tendencias y líneas de
investigación en adquisición de segundas lenguas. Alicante : Universidad
de Alicante, 2001 : 39-71.

[210] MARECKA M, SZEWCZYK J, OTWINOWSKA A, et al. False
friends or real friends? False cognates show advantage in word form
learning[J]. Cognition, 2021 : 206.

[211] MARTÍNEZ CISNEROS R E, TEXIDOR PELLÓN R, CISNEROS
REYNA C.H. Consideraciones sobre la enseñanza de las falsas cognadas
en la disciplina Inglés en Ciencias Médicas[J]. Revista Habanera de
Ciencias Médicas, 2017, 16(5) : 832-838.

[212] MARTINET A. La lingüística. Guía alfabética[M]. Barcelona :
Anagrama, 1975.

[213] MEARA P. The bilingual lexicon and the teaching of vocabulary[C]//
Schreuder R, Weltens B. The bilingual lexicon. Amsterdam/

Philadelphia: John Benjamins, 1993：279–297.

[214] MEAUX A B, WOLTER J A, COLLINS G G. Forum：Morphological awareness as a key factor in language–literacy success for academic achievement[J]. Language, speech, and hearing services in schools, 2020, 51(3)：509–513.

[215] MEDINA S, RUEDA M. El papel de la conciencia morfológica en las dificultades de aprendizaje de la lectoescritura[D]. Salamanca：Universidad de Salamanca, 2012.

[216] MEISEL J. Transfer as a second language strategy[J]. Language and communication, 1983, 3：11–46.

[217] MEYER D E, SCHVANEVELDT R W. Facilitation in recognizing pairs of words：Evidence of a dependence between retrieval operations[J]. Journal of experimental psychology, 1971, 90：227–234.

[218] MIDGLEY K J, HOLCOMB P J, GRAINGER J. Effects of cognate status on word comprehension in second language learners：An ERP investigation[J]. Journal of cognitive neuroscience, 2011, 23(7)：1634–1647.

[219] MOLNÁR T. Cognate recognition and L3 vocabulary acquisition[J]. Acta universitatis sapientiae, philologica, 2010, 2(2)：337–349.

[220] MONTAÑO RODRÍGUEZ S. Cognados y falsos cognados. Su uso en la enseñanza del inglés[M]. México：Juan Pablos Editor, 2009.

[221] MORIN R. Derivational morphological analysis as a strategy for vocabulary acquisition in Spanish[J]. Modern language journal, 2003, 87：200–221.

[222] MOSS G. Cognate recognition：Its importance in the teaching of ESP reading courses to Spanish speakers[J]. English for specific purposes, 1992, 11(2)：141–158.

[223] MULLONI A, PEKAR V. Automatic detection of orthographics cues

for cognate recognition[R]. LREC, 2006 : 2387–2390.

[224] NAGY W E, ANDERSON R C. Metalinguistic awareness and literacy acquisition in different languages[J]. Illinois technical reports, 1995, 618 : 1–7.

[225] NAGY W, GARCIA G E, DURGUNOGLU A, et al. Spanish–English bilingual students' use of cognates in English reading[J]. Journal of reading behavior, 1993, 25(3) : 241– 259.

[226] NASH R. NTC's dictionary of Spanish cognates : the matically organized[K]. Chicago : NTC Publishing Group, 1997.

[227] NATION K, SNOWLING M. Developmental differences in sensitivity to semantic relations among good and poor comprehenders : evidence from semantic priming[J]. Cognition, 1999, 70 : B1–B13.

[228] ODLIN T. Language transfer : Cross–linguistic influence in language learning[M]. England : Cambridge University Press, 1989.

[229] ORCASITAS–VICANDI M. Crosslinguistic influence and morphological awareness in English (third language) writing[J]. International journal of bilingualism, 2020, 24(4) : 616–633.

[230] ORTEGA V M. La cognación entre el inglés y el castellano[M]. Barquisimeto : Universidad Nacional Experimental Politécnica, 2007.

[231] PASQUARELLA A, CHEN X, LAM K, et al. Cross–language transfer of morphological awareness in Chinese–English bilinguals[J]. Journal of research in reading, 2011, 34 (1): 23–42.

[232] PEAL E, LAMBERT W E. The relation of bilingualism to intelligence[J]. Psychological monographs : general and applied, 1962, 76(27) : 1–23.

[233] PEETERS D, DIJKSTRA T, GRAINGER J. The representation and processing of identical cognates by late bilinguals : RT and ERP effects[J]. Journal of memory and language, 2013, 68(4) : 315–332.

[234] PENNY D. A history of the Spanish language[J]. Oxford : Oxford University Press, 2002.

[235] PEREA M, URKIA M, DAVIS C, et al. E–Hitz : A word–frequency list and a program for deriving psycholinguistic statistics in an agglutinative language (Basque)[J]. Behavior research methods, 2006, 38 : 610–615.

[236] PEREA M, DUÑABEITIA J A, CARREIRAS M. Masked associative/ semantic and identity priming effects across languages with highly proficient bilinguals[J]. Journal of memory and language, 2008, 58 : 916–930.

[237] POORT E D, RODD J M. The cognate facilitation effect in bilingual lexical decision is influenced by stimulus list composition[J]. Acta psychologica, 2017, 180 : 52–63.

[238] POORT E D, RODD J M. Towards a distributed connectionist account of cognates and interlingual homographs : Evidence from semantic relatedness tasks[J]. Peer J, 2019, 7 : e6725.

[239] POTTER M C, SO K F, VON ECKARDT B, et al. Lexical and conceptual representation in beginning and proficient bilinguals[J]. Journal of verbal learning and verbal behavior, 1984, 23(1) : 23–38.

[240] PROCTOR C P, MO E. The relationship between cognate awareness and English comprehension among Spanish–English bilingual fourth grade students[J]. TESOL quarterly, 2009, 43 : 126–136.

[241] RAMÍREZ G, CHEN X, GEVA E, et al. Morphological awareness in Spanish–speaking English language learners : within and cross– language effects on word reading[J]. Reading and writing, 2010, 23 : 337–358.

[242] RAMÍREZ G, CHEN X, GEVA E, et al. Morphological awareness and word reading in English language learners : Evidence from Spanish

and Chinese speaking children[J]. Applied psycholinguistics, 2011, 32 : 601–618.

[243] REAL ACADEMIA ESPAÑOLA : Diccionario de la lengua española, 23.ª ed.[K], [versión 23.4 en línea]. <https://dle.rae.es>.

[244] Regueiro Rodríguez M L. La sinonimia[M]. Madrid : Arco Libros, 2010.

[245] REGUEIRO RODRÍGUEZ M L. Algunas reflexiones sobre la enseñanza–aprendizaje del léxico en ELE[J]. Linred : Lingüística en la Red, 2015(13) : 4.

[246] RIGOBON V M. Adult bilinguals' orthographic representations : Cognates vs. non–cognates in complex English word spelling[R]. Florida State University : Applied Quantitative Analysis, 2020.

[247] RINGBOM H. The role of L1 in foreign language learning[M]. Clevedon : Multilingual Matters, 1987.

[248] RINGBOM H. Lexical transfer in L3 production[C]//Cenoz J, Hufeisen B, Jessner U. Cross–Linguistic Influencein Third Language Acquisition : Psycholinguistic Perspectives. Clevedon : Multilingual Matters, 2001 : 59–68.

[249] RINGBOM H. Cross–linguistic similarity in foreign language learning[M]. Clevedon : Multilingual Matters, 2007.

[250] ROBERTS P M, DESLAURIERS L. Picture naming of cognate and non–cognate nouns in bilingual aphasia[J]. Journal of communication disorders, 1999, 32(1) : 1–23.

[251] RODRÍGUEZ T. From the known to the unknown : Using cognates to teach English to Spanish–speaking Literates[J]. The reading teacher, 2001, 54(8) : 744–746.

[252] ROTHMAN J. L3 syntactic transfer selectivity and typological determinacy : The typological primacy model[J]. Second language

research，2011，27(1)：107–127.

[253] ROTHMAN J. Linguistic and cognitive motivations for the Typological Primacy Model (TPM) of third language (L3) transfer：Timing of acquisition and proficiency considered[J]. Bilingualism：Language and cognition，2015，18(2)：179–190.

[254] SAAVEDRA BISSO A V. Análisis de errores de traducción del inglés al español en el libro Brenner & Rector´s The Kidney[D]. Lima：Universidad Ricardo Palma，2021.

[255] SAIEGH–HADDAD E，GEVA E. Morphological awareness，phonological awareness，and reading in English–Arabic bilingual children[J]. Reading and writing：An interdisciplinary journal，2008，21：481–504.

[256] SÁNCHEZ–CASAS R M，GARCÍA–ALBEA J E，DAVIS C W. Bilingual lexical processing：Exploring the cognate/non–cognate distinction[J]. European journal of cognitive psychology，1992，4(4)：293–310.

[257] SÁNCHEZ–CASAS R，GARCÍA–ALBEA J E. The representation of cognate and noncognate words in bilingual memory. Can cognate status be characterized as a special kind of morphological relation？[C]// Kroll J F，De Groot A M B. Handbook of bilingualism：psycholinguistic approaches. Oxford：Oxford University Press，2005：226–250.

[258] SAUSSURE F. Curso de Lingüística General (Trad. Amado Alonso)[M]. Madrid：Editorial Losada，1945.

[259] SCHEPENS J，DIJKSTRA T，GROOTJEN F. Distributions of cognates in Europe as based on levenshtein distance[J]. Bilingualism：Language and cognition，2012，15 (1)：157–166.

[260] SCHEPENS J，DIJKSTRA T，GROOTJEN F，et al. Cross–language

distributions of high frequency and phonetically similar cognates[J]. PloS one，2013，8(5)：e63006.

[261] SCHIFF R，CALIF S. Role of phonological and morphological awareness in L2 oral word reading[J]. Language learning，2007，57：271–298.

[262] SCHIFF R，SCHWARTZ–NAHSTON S，NAGAR R. Effect of phonological and morphological awareness on reading comprehension in Hebrew–speaking adolescents with reading disabilities[J]. Annals of dyslexia，2011，61(1)：44–63.

[263] SCHOONEN R，HULSTIJN J，BOSSERS B. Metacognitive and language–specific knowledge in native and foreign language reading comprehension：An empirical study among Dutch students in grades 6, 8 and 10[J]. Language learning，1998，48(1)：71–106.

[264] SCHRÖTER P，SCHROEDER S. Orthographic processing in balanced bilingual children：Cross–language evidence from cognates and false friends[J]. Journal of experimental child psychology，2016，141：239–246.

[265] SCHULPEN B，DIJKSTRA T，SCHRIEFERS H J，et al. Recognition of interlingual homophones in bilingual auditory word recognition[J]. Journal of experimental psychology：Human perception and performance，2003，29(6)：1155–1178.

[266] SCHWARTZ A I，KROLL J F. Bilingual lexical activation in sentence context[J]. Journal of memory and language，2006，55(2)：197–212.

[267] SCHWARTZ A I，KROLL J F，DIAZ M. Reading words in Spanish and English：Mapping orthography to phonology in two languages[J]. Language & cognitive processes，2007，22(1)：106–129.

[268] SELINKER L. Interlanguage[J]. IRAL，1972，10(3)：209–231.

[269] SELINKER L，BAUMGARTNER COHEN B. Multiple language

acquisition : Damn it, why can't I keep these two languages apart[J]. Language, culture and curriculum, 1995, 8 : 115–121.

[270] SMITH M S, KELLERMAN E. Crosslinguistic influence in second language acquisition : An introduction[C]//SMITH M S, KELLERMAN E. Crosslinguistic influence in second language acquisition, New York: Pergamon, 1986.

[271] SMITS E, MARTENSEN H, DIJKSTRA T, et al. Naming interlingual homographs : Variable competition and the role of the decision system[J]. Bilingualism : Language and cognition, 2006, 9 : 281–297.

[272] SZABO C Z. Exploring the mental lexicon of the multilingual : Vocabulary size, cognate recognition and lexical access in the L1, L2 and L3[J]. Eurasian journal of applied linguistics, 2016, 2(2) : 1–25.

[273] SZUBKO–SITAREK W. Cognate facilitation effects in trilingual word recognition[J]. Studies in second language learning and teaching, 2011, 1(2) : 189–208.

[274] TABATABAEI O, YAKHABI M. The relationship between morphological awareness and vocabulary size of EFL learners[J]. English language teaching, 2011, 4 : 262.

[275] TOKOWICZ N. Lexical processing and second language acquisition[M]. New York : Routledge, 2015.

[276] TONZAR C, LOTTO L, JOB R. L2 vocabulary acquisition in children : Effects of learning method and cognate status[J]. Language learning, 2009, 59 : 623–646.

[277] TEMNIKOVA I G, NAGEL O V. Effects of cognate and relatedness status on word recognition in Russian–English bilinguals of upper–intermediate and advanced levels[J]. Procedia–social and behavioral sciences, 2015, 200 : 381–386.

[278] TYLER A, TAKADA M, KIM Y, et al. Language in use : cognitive and discourse perspectives on language and language learning[M]. Washington : Georgetown University Press, 2005.

[279] TRÉVILLE M. Lexical learning and reading in L2 at the beginner level : the advantage of cognates[J]. Canadian modern language review, 1996, 53(1) : 173–190.

[280] VAN ASSCHE E, DRIEGHE D, DUYCK W, et al. The influence of semantic constraints on bilingual word recognition during sentence reading[J]. Journal of memory and language, 2011, 64(1) : 88–107.

[281] VAN ASSCHE E, DUYCK W, HARTSUIKER R J, et al. Does bilingualism change native–language reading ? Cognate effects in a sentence context[J]. Psychological science, 2009, 20(8) : 923–927.

[282] VAN DER LINDEN L, VERREYT N, DE LETTER M, et al. Cognate effects and cognitive control in patients with parallel and differential bilingual aphasia[J]. International journal of language & communication disorders, 2018, 53(3) : 515–525.

[283] VAN HELL J G, DE GROOT A M B. Conceptual representation in bilingual memory : Effects of concreteness and cognate status in word association[J]. Bilingualism : language and cognition, 1998, 1(3) : 193–211.

[284] VAN HELL J G, DE GROOT A M B. Sentence context modulates visual word recognition and translation in bilinguals[J]. Acta psychologica, 2008, 128(3) : 431–451.

[285] VAN HELL J G, DIJKSTRA T. Foreign language knowledge can influence native language performance in exclusively native contexts[J]. Psychonomic bulletin & review, 2002, 9(4) : 780–789.

[286] VAN HEUVEN W J B, SCHRIEFERS H J, DIJKSTRA T, et al. Language conflict in the bilingual brain[J]. Cerebral Cortex, 2008,

18(11)：2706–2716.

[287] VERREYT N，DE LETTER M，HEMELSOET D，et al. Cognate effects and executive control in a patient with differential bilingual aphasia[J]. Applied neuropsychology：Adult，2013，20(3)：221–230.

[288] WANG M，CHENG C，CHEN S. Contribution of morphological awareness to Chinese–English biliteracy acquisition[J]. Journal of educational psychology，2006，98：542–553.

[289] WANG M，YANG C，CHEN C. The contribution of phonology，orthography，and morphology in Chinese–English biliteracy acquisition[J]. Applied psycholinguistics，2009，30：291–314.

[290] WALTER W S. An Etymological dictionary of the English language[M]. Oxford：Oxford University Press，1953.

[291] WESTERGAARD M，MITROFANOVA N，MYKHAYLYK R，et al. Crosslinguistic influence in the acquisition of a third language：The linguistic proximity model[J]. International journal of bilingualism，2017，21(6)：666–682.

[292] WHITLEY M S. Spanish/English contrasts[M]. Washington：Georgetown University Press，1986.

[293] WHITLEY S. Lexical errors and the acquisition of derivational morphology in Spanish[J]. Hispania，2004，87：163–172.

[294] WOUTERSEN M. Proficiency and the bilingual lexicon[M]. Washington：ERIC Clearinghouse，1996.

[295] WYSOCKI K，JENKINS J. Deriving word meanings through morphological generalization[J]. Reading research quarterly，1987，22(1)：66–81.

[296] YAMADA A，SANCHEZ–GUTIÉRREZ C. Affix cognateness and productivity in the development of morphological awareness in L2 Spanishthe：case of dis– and des–[J]. RAEL，2019，18(1)：107–120.

[297] ZHANG D, KODA K. Contribution of morphological awareness and lexical inferencing ability to L2 vocabulary knowledge and reading comprehension among advanced EFL learners : Testing direct and indirect effects[J]. Reading and writing, 2012, 25 : 1195–1216.

[298] ZHANG D. Does morphology play an important role in L2 Chinese vocabulary acquisition?[J] Foreign language annals, 2016, 49 : 384–402.

[299] ZHOU HX, CHEN B, YANG M, et al. Language nonselective access to phonological representations : Evidence from Chinese–English bilinguals[J]. Quarterly journal of experimental psychology, 2010, 63(10) : 2051–2066.

[300] ZHU Y, MOK P P K. Visual recognition of cognates and interlingual homographs in two non–native languages : Evidence from Asian adult trilinguals[J]. Linguistic approaches to bilingualism, 2020, 10(4) : 441–470.